CURSUS

Arbeitsheft 3
mit Lösungen
Ausgabe A

Herausgegeben von Michael Hotz und
Prof. Dr. Friedrich Maier

Bearbeitet von Prof. Dr. Friedrich Maier und Andrea Wilhelm

C.C.Buchner Verlag, Bamberg
J. Lindauer Verlag, München
Oldenbourg Schulbuchverlag, München

Cursus, Ausgabe A

Herausgegeben von Michael Hotz und Prof. Dr. Friedrich Maier

Arbeitsheft 3
mit Lösungen
Bearbeitet von Prof. Dr. Friedrich Maier und Andrea Wilhelm

1. Auflage, 1. Druck 2018
Alle Drucke dieser Auflage sind, weil untereinander unverändert, nebeneinander benutzbar.

© 2018 C.C. Buchner Verlag, Bamberg
     Cornelsen Verlag GmbH, Berlin

Redaktion: Andrea Forster
Umschlagkonzept: Mendell & Oberer, München
Umschlaggestaltung: Erasmi + Stein, München
Layoutkonzept: Michael Anker, Checkplot Grafikdesign, Berlin
Satz: Checkplot, Liersch & Röhr, Berlin
Druck und Bindung: Brüder Glöckler GmbH, Wöllersdorf

www.ccbuchner.de
www.oldenbourg.de

ISBN 978-3-661-**40110**-2 (C.C. Buchner Verlag)
     978-3-637-01897-6 (Oldenbourg Schulbuchverlag)

Liebe Schülerin, lieber Schüler,

mit dem Arbeitsheft kannst du zusätzliche Übungen bearbeiten.

Die folgenden Erklärungen helfen dir, die Aufgaben und Zeichen im Arbeitsheft zu verstehen.

So ist dein Arbeitsheft aufgebaut:

Selbsttest Wiederholung 21–32	**Seiten 4–9**

Hier überprüfst du den Stoff, den du in den bereits behandelten Lektionen 21–32 gelernt hast. Tipps zum Vorhegen und zur Auswertung findest du im Lösungsheft.

Lektionen 33–40	**Seiten 10–25**

Vokabeln, Grammatik und Kulturwissen aus dem Schülerband kannst du im entsprechenden Kapitel deines Arbeitshefts üben. Bearbeite alle Aufgaben, für die es im Arbeitsheft keine Schreiblinien gibt, schriftlich in deinem Heft.

Die 8 Kapitel begleiten die Lektionen 33–40 des Schülerbandes.

W zeigt eine Übung zum Wortschatz dieser Lektion an.

G ist eine zusammenfassende Übung zu Grammatik, die in dieser Lektion und in früheren Lektionen vorkommt.

★ zeigt eine Aufgabe zu fakultativem Lernstoff an.
Du kannst sie bearbeiten, wenn ihr diesen Stoff im Unterricht besprochen habt.

Außerdem gibt es in jedem Kapitel eine Übung zum Kulturwissen der Lektion und einen farbig unterlegten Text, an dem du das Verstehen lateinischer Texte und das Übersetzen ins Deutsche üben kannst. Geh bei der Textarbeit immer so vor:

- Lies zunächst den lateinischen Text ganz und in Ruhe durch.
- Bearbeite dann die Arbeitsaufträge.
- Übersetze am Ende den Text schriftlich in deinem Heft.

	Seiten 26–27

Auf diesen Seiten findest du Erklärungen zum Prüfungsteil und eine Tabelle für deine Selbstauswertung.

Zu jeder Lektion kannst du an einem Selbsttest deinen Kenntnisstand überprüfen. Jeder Selbsttest umfasst je eine Testaufgabe zu den Bereichen Wortschatz, Grammatik, Text und Kultur.

Selbsttests 33–40	**Seiten 28–31**

Die 8 Testkapitel begleiten die Lektionen 33–40 des Schülerbandes und die 8 Kapitel des Arbeitshefts. Eine Übersicht über die Themen steht auf der vorderen inneren Umschlagklappe.

Checkliste zur Selbsteinschätzung	**ab Seite 32**

Hier kannst du deinen persönlichen Stand in allen Kompetenzbereichen einschätzen.

Lösungen zu den Lektionen 33–40 und den Selbsttests 21–32 und 33–40	**Lösungsheft**

Im Lösungsheft findest du Lösungen und Erklärungen zum Übungsteil und zu den Selbsttests. Mit dem Lösungsheft kannst du selbst, können deine Eltern oder Mitschülerinnen und Mitschüler deine Ergebnisse kontrollieren.

W **a** Nenne die deutschen Bedeutungen der Vokabeln.
b Übersetze die Sätze ins Deutsche.

21–22 a discedere · aedificare · sinere · contendere · reddere · persuadere · recipere · iurare –
spes · porta · auctoritas · timor · anima · prudentia · fides · modus · res · murus · ira –
incertus · hinc · ob · nimis · aut … aut · ubi

b 1. Postquam socii litus incolumes reliquerunt, hostes urbem deleverunt.
2. Mulieres sententiam non probaverunt, quod insidias metuebant.
3. Ubi ex hoc loco salvi effugerimus, nos sacerdoti ad pedes proiciemus.

23–24 a fugere · monere · mandare · regere · circumdare · facere · invenire · respicere · condere –
studium · audacia · dolor · avis · fatum · coniunx · moenia · cupiditas · loca · pernicies –
occupatus · crudelis · prior · vehemens · parvus · ambo · quoniam · postea · quidem · et … et

b 1. Paulo post classis a duce Troianorum coacta est.
2. Ob tantum nefas iratus alter alterum interfecit.
3. Gentibus orbis terrarum bello opus non est.

25–26 a custodire · oppugnare · imperare · finire · rapere · fingere · expugnare · pellere · fallere –
dies · ingenium · vigilia · plebs · gaudium · inopia · acies · copia · munus · nepos –
pauci · angustus · aliquando · eo · tot

b 1. Liberi ex somno excitati sunt, quia in arce tuti non iam erant.
2. Comes mandata principum diligenter perfecit.
3. Patres consulimus, nam virtutem eorum perspeximus.

27–28 a postulare · inire · concedere · patere · cernere · neglegere · audere · instituere · eripere –
magnitudo · praesidium · castra · amicitia · manus · ratio · metus · domus · interitus · dignitas –
obscurus · quantus · parcus · contra · novem · cottidie · at · tantum

b 1. Necesse est illum exercitum a finibus arceri.
2. Milites avaritia auri adducti aedes obsederunt.
3. Iste non quiescit et cottidie scelus in animo volvit.

29–30 a ferre · deponere · exire · caedere · comprehendere · rumpere · referre · deliberare · pacare –
pars · admiratio · iustitia · umerus · laus · terror · onus · suspicio · legatus · pax –
medius · talis · mirus · nimius · repente · cras · prius · omnino · num · adeo · quantopere

b 1. Cum adventus exercitus clari nuntiatus esset, custodes protinus aditus clauserunt.
2. Ignosce ei, quod nuntiis malis quietem tuam interrumpit!
3. Oportet sine mora nuntium de calamitate afferri.

31–32 a premere · reperire · occidere · gerere · conficere · suadere · damnare · minuere · recreare –
crux · potestas · multitudo · aspectus · crimen · ferrum · auctor · victoria · frons · clades –
vivus · certus · regius · fidus · par · quisque · extra · velut · fere · septem

b 1. Milites armati processerant, sed victi et fugati sunt.
2. Librum inspicit et simul versus recitat.
3. De turri in aedificia vetera, vicos, flumen despicimus.

G **Substantive**

a Gib **Genitiv Singular** und **Deklinationsklasse** dieser Substantive an.
BEISPIEL: ira → irae → a-Dekl.

timor – res – anima – laus – pars – exercitus – custos – litus – ferrum – socius – mulier – virtus

b Gib das **Genus** dieser Substantive an.
BEISPIEL: auctor → m

iniuria – adventus – pax – fatum – modus – munus – liber – manus – potestas – crimen – orbis

c Bestimme die **Substantive** nach **Kasus, Numerus und Deklinationsklasse** und gib ihre
Bedeutung an.
BEISPIEL: gentes → Nom. Pl. / Akk. Pl. von *gens* (Kons. Dekl.): das Volk

sententias – locum – studio – comitem – rebus – milites – munere – aditum – ira – spem –
flumina – animam – onerum – plebis – fatum – exercitus – diebus – mulieri – criminibus –
victoriae – praesidia – copiis – sociorum – pace – manibus – modo – fidei – metu – finibus

d Nenne die **Kasusfunktion** der unterstrichenen Substantive und übersetze.
BEISPIEL: Hi libri <u>avo</u> sunt. – Dativ des Besitzers – Diese Bücher gehören dem Großvater.

1. Ulixes, vir summa <u>prudentia</u>, socios servavit.
2. Cum Aeneas Didonem reliquisset, dolor <u>reginae</u> magnus erat.
3. Caesar Cleopatram amavit, quod mulier egregiae <u>formae</u> fuit.
4. Filii regis cupiditate <u>regni</u> adducti cito <u>Romam</u> redierunt.
5. <u>Imperatori Neroni</u> domus aurea fuit.
6. In arce Romani <u>se tutos</u> putabant.
7. <u>Aetate</u> Caesaris <u>multos annos</u> bella gesta sunt.
8. Amore <u>reginae</u> captus Aeneas diu <u>Carthagine</u> mansit.

G **Adjektive und Adverbien**

a Markiere alle **Adverbien** und nenne das zugrunde liegende Adjektiv mit deutscher Bedeutung.
BEISPIEL: libenter → Adj.: libens: gern

clare – diligenter – breviter – clementer – certe – male – molliter – mire – acriter – superbe –
obscure – crudeliter – blande – fortiter – bene – vehementer – parce – familiariter – graviter

b Bilde von den **Substantiven und Adjektiven** den angegebenen **Kasus** und übersetze.
BEISPIEL: lumen / parcus, -a, -um (Akk. Sg.) → lumen parcum: das spärliche Licht

annus / proximus, -a, -um (Abl. Pl.) – domus / aureus, -a, -um (Gen. Sg.) –
via / angustus, -a, -um (Nom. Pl.) – mandatum / difficilis, -is, -e (Akk. Sg.) –
res /pulcher, -ra, -rum (Abl. Sg.) – flumen / ingens (Dat. Sg.) – liberi / parvus, -a, -um (Gen. Pl.) –
crimen / terribilis, -is, -e (Akk. Pl.) – locus / tutus, -a, -um (Abl. Sg.) –
exercitus / inimicus, -a, -um (Gen. Pl.) – dies / certus, -a, -um (Abl. Sg.)

G Verben

a Nenne die **Stammformen** und Grundbedeutungen zu folgenden Verben.
BEISPIEL: condere, condo, condidi, conditum: gründen

> mittere – nuntiare – delere – vincere – ferre – facere – ire – dare –
> dicere – pellere – premere – agere – capere – ducere – ponere

b Zerlege die **Verbformen** in ihre **Bestandteile**, bestimme und übersetze sie.
BEISPIEL: relatum | est → 3. Sg. (n) Perf. Pass.: es ist berichtet worden
fuga | ba | nt → 3. Pl. Impf. Akt.: sie schlugen in die Flucht

> imperant – victi sunt – expugnaveramus – volvo – interficiemini – custodiebaris – voluit –
> clausum erat – fuimus – afferebam – cogor – ibis – deposuisti – oppugnatum erit – tulistis –
> rapuerunt – discedet – eram – pulsae estis – rexeras – finiveramus – monebuntur – feceram

c Nenne den Infinitiv zu diesen **Konjunktivformen** und bestimme sie.
BEISPIEL: adduxerim → von *adducere* – 1. Sg. Konj. Perf. Akt.

> premeremur – deleant – rapta esses – concesseritis – postuletur – lata sint – auderes –
> recepissem

d Bilde zu den Verbformen **Partizip** Präsens im Nom. Pl. m und Partizip Perfekt im Nom. Sg. f.
BEISPIEL: deposueratis → deponentes, deposita

> nuntiavit – pepulimus – monentur – refert – gessisti – reddideram – inibit – custodient

e Bilde zu den Verbformen **Infinitiv** Präsens Aktiv/Passiv, Perfekt Aktiv/Passiv, Futur Aktiv.
BEISPIEL: pepuli → pellere/pelli, pepulisse/pulsum esse, pulsurum esse

> imperatur – deleverat – condidi – finiam – respexisses – inibat – referuntur

G Pronomina

a Markiere und bestimme Personal-Pronomina und Possessiv-Pronomina und übersetze.
BEISPIEL: Nihil a te postulo. → Abl., Pers. *tu*: Ich verlange nichts von dir.

> 1. Cicero: „Oro vos, senatores, ut mihi aures detis et verba mea audiatis. 2. Catilinam cottidie
> de nostro interitu cogitat, nos interficere vult. 3. Nonne sentis, Catilina, consilia tua patere?
> 4. Ego video, quid tu facias. 5. A praesidiis meis obsideris. 6. Oculi vestri, senatores, Catilinam
> semper custodient. A vobis semper circumvenietur. 7. Catilina consilia sua mutare debebit."

b Bestimme die Substantivform nach KNG, kombiniere sie mit Formen von *hic / ille* und übersetze.
BEISPIEL: portas → Akk. Pl. f → has illas portas: diese/jene Tore

> muris – aedificia – avium – liber – ore – iniuriam – sacerdoti – nepotum – domus
> huic – his – horum – hoc – hanc – huius – harum – hic – haec /
> illorum – ille – illi – illis – illius – illa – illo – illam – illarum

c Markiere *is, ea, id* als Personal-, Possessiv- oder Demonstrativ-Pronomen und übersetze.
BEISPIEL: Iis nuntiis consul gaudet. → Dem.: Über diese Nachrichten freut sich der Konsul.

> 1. Romani Hannibalem eiusque milites valde timuerunt, nam ii exercitus Romanos vicerant.
> 2. Itaque, cum Hannibal ante portas urbis staret, Romani eas clauserunt, ut ille ab urbe
>   arceretur.
> 3. Dei preces eorum audiverunt, nam Hannibal urbem eo die non oppugnavit.

G | **Satzglieder**

Bestimme die Satzglieder und stelle die passende W-Frage.

BEISPIEL: Rex (→ Subjekt: wer/was?) ex urbe (→ Adverbiale: von wo/woraus?)
pulsus (→ Adverbiale: wann/warum?) bellum (→ Objekt: was?) iniit (→ Prädikat).

1. Mulier socios blandis verbis invitavit.
2. Mox filii regis cum Bruto in Graeciam contenderunt. Subito ad terram cecidit, eam ore tetigit.
3. Fratres urbem condere constituerunt.
4. Romani, postquam magno clamore excitati sunt, arma ceperunt.
5. Laocoon viros in equo latere dixit.
6. Hamilcar filium manu tenuit. Eum ardentibus oculis aspiciens in templum' duxit.
7. His verbis dictis domum reliqui.

G | **Satzgefüge: Gliedsätze im Indikativ**

Markiere die Gliedsätze, nenne die Gliedsatzart und übersetze die Satzgefüge.

BEISPIEL: Graeci Troiam oppugnaverunt, quod Paris Helenam abduxerat. – Kausalsatz –
Die Griechen haben Troia belagert, weil Paris Helena entführt hatte.

1. Laocoon sacerdos: „Graecos timeo, etsi dona ferunt."
2. Ulixes, ubi has res audivit, gladium sumpsit, litus reliquit, socios liberavit.
3. Mercurius: „Respice, Aenea, novam gentem, cuius fatum est Italiam regere!"
4. Filii regis, postquam Delphos venerunt, patris mandata perfecerunt.
5. Remus: „Quoniam inter nos non convenit, auxilio deorum opus est."
6. Tarquinius vitae Bruti nepotis pepercit, quia nullum periculum ab eo instare putabat.
7. Hamilcar: „Te in Hispaniam ducam, si fidem, quam postulo, dederis."
8. Dum hostes urbem expugnant, dux, tribuni, milites se in castris continebant, quod metuebant.

G | **Satzgefüge: Gliedsätze im Konjunktiv**

Markiere die Konjunktivform und bestimme sie.
Markiere die Gliedsätze, nenne die Gliedsatzart und übersetze die Satzgefüge.

BEISPIEL: Romulus tam iratus erat, ut fratrem interficeret. – 3. Sg. Konj. Impf. Akt. –
Konsekutivsatz – Romulus war so zornig, dass er seinen Bruder tötete.

1. Oro vos, senatores, ut taceatis et mihi aures detis, et rogo, ne animos alias in curas vertatis.
2. Non ignoro, ubi proxima nocte fueris, quid a te cogitetur.
3. Caesarem, cum mulier pulchra apparuisset, tanta admiratio incessit, ut diu taceret.
4. Cum ignis per sex dies arderet, periculum erat, ne tota urbs flammis deleretur.
5. Nisi Aeneas a Mercurio monitus esset et Didonem reliquisset, Troiani in Italiam non pervenissent.
6. Cleopatra Caesarem adiit, ut auxilium ab eo peteret.
7. Mulier dolum invenit, ne adventus suus ab inimicis animadverteretur.
8. Maxentius, cum mortem effugere vellet, se Romae continebat.

G | **Satzwertige Konstruktionen: AcI**

Klammere den AcI ein, markiere Akkusativ und Infinitiv, bestimme den Infinitiv und übersetze.

BEISPIEL: Augusto (<u>exercitus</u> Vari a Germanis <u>deletos esse</u>) nuntiatur. – Inf. Perf. Pass. (→ vorzeitig) –
Augustus wird gemeldet, dass die Heere des Varus von den Germanen vernichtet worden seien.

1. Romani exercitum Hannibalis ante portas esse audiverunt.

2. Ferunt Romulum fratrem necavisse.

3. Nero omnes fere partes urbis deleri vidit.

4. Dido regina Troianos Carthagine mansuros esse sperabat.

5. Mercurius dixit se a deis missum esse.

6. Caesar Cleopatrae promisit eam reginam Aegypti futuram esse.

7. Romani, cum arcem diligenter custodiri scirent, se tutos esse crediderunt.

8. Cicero consul: „Nos magno in periculo fuisse scitis, senatores."

G | **Satzwertige Konstruktionen: Participium coniunctum**

Klammere das Partizip und die zugehörigen Wörter ein, bestimme das Partizip und übersetze.

BEISPIEL: Galli magno silentio ad montem successerunt (arcem <u>expugnaturi</u>). – PFA (→ nachzeitig) –
Die Gallier rückten in großer Stille an den Berg heran, um die Burg zu erobern.

1. Romulus a fratre irrisus arma cepit.

2. Caesarem mulierem pulchram spectantem admiratio formae incessit.

3. Hostes pontem transeunt pugnam supremam pugnaturi.

4. Galli montem ascendentes a Romanis de arce praecipitati sunt.

5. Aeneas ex urbe a Graecis capta cum paucis comitibus fugit.

6. Rex Delphos contendit deos rogaturus.

7. Ulixes socios a Circa mutatos servavit.

8. Tarquinius Superbus: „A Bruto pulsus in urbem Romam redibo."

G | **Satzwertige Konstruktionen: Ablativus absolutus**

Klammere den Ablativus absolutus ein, bestimme das Partizip und übersetze.

BEISPIEL: (Troia <u>ardente</u>) Aeneas fugit. – PPA (→ gleichzeitig) –
Während Troia brannte, floh Aeneas.

1. Exercitibus ab Hannibale victis Romanos magnus timor incessit.

2. Remo fratre moenia parva irridente Romulus iratus fuit.

3. Cicerone consule Catilina coniurationem fecit.

4. Laocoonte sacerdote interfecto Troiani equum in urbem traxerunt.

5. Constantinus dormiens sole occidente crucem in caelo apparere vidit.

6. Nero: „Me vivo Romae aedificia, vici, aedes novae aedificabuntur."

7. Nuntio de clade Vari allato Augustus valde perturbatus est.

8. Cicero ad senatores: „Vobis verba mea audientibus Catilina novum scelus in animo volvit."

K a Verfasse einen kurzen Informationstext (ca. 80–100 Wörter) über …

     b Ordne die Nummern im Text den Wörtern, Begriffen und Zahlen im Kasten zu.

21–22 Vom Mythos zur Geschichte I

a … die *Vorgeschichte des Troianischen Krieges.*

b Das Werk des griechischen Dichters ① über den Troianischen Krieg heißt ②. Er schildert darin den Streit zwischen dem Helden ③ und dem König ④. Heinrich ⑤ begann im ⑥. Jahrhundert mit der Ausgrabung Troias. – Odysseus musste auf der Rückfahrt zu seiner Heimat ⑦ und seiner Frau ⑧ viele Abenteuer bestehen, z. B. beim ⑨ Polyphem oder der Zauberin ⑩.

23–24 Vom Mythos zur Geschichte II

a … die *Gründung Roms.*

b Aeneas floh mit seinem Vater ⑪ und seinem Sohn ⑫ aus dem brennenden Troia. Die Mutter des Aeneas war ⑬. Die geflohenen Troianer landeten in ⑭ bei König ⑮. Dort besiegten sie den einheimischen König ⑯. Die Geschichte des Aeneas beschrieb der römische Dichter ⑰ in seinem Werk ⑱. – Der letzte König der Römer hieß ⑲ Superbus.

25–26 Roms Schicksal auf Messers Schneide I

a … *Brutus* (6. Jh. v. Chr.).

b In der Frühzeit hatten die ⑳ die politische Macht, die ㉑ erlangten allmählich Zugang zu politischen Ämtern. Die ㉒ überwachten die Rechtsprechung, die ㉓ waren für die Sicherheit zuständig, die ㉔ verwalteten die Staatskasse. Die ㉕ hatten das ㉖-Recht. – Den Widerstand in Süditalien gegen Rom unterstützte König ㉗, der verlustreiche Siege gegen die Römer errang.

Roms Schicksal auf Messers Schneide II

27–28 a … *Marcus Tullius Cicero.*

b Der 1. Punische Krieg begann ㉘ v. Chr. und endete damit, dass Karthago die Insel ㉙ an Rom verlor. Anführer der Karthager im 2. Punischen Krieg war ㉚, Sohn des ㉛. Gegen ihn erlitten die Römer bei ㉜ eine schwere Niederlage. Die Entscheidungsschlacht gewannen die Römer bei ㉝. – Die Römer gaben die Jahre ㉞ an. Das Jahr 100 v. Chr. war demnach das Jahr ㉟.

Herrscher und Eroberer I

29–30 a … *Gaius Iulius Caesar.*

b Der ursprüngliche Name des Kaisers Augustus war ㊱, er war der Adoptivsohn von ㊲. Als ㊳ übernahm er im Jahr ㊴ v. Chr. nach dem Bürgerkrieg die Macht in Rom. Der Senat ließ zu Ehren des augusteischen Friedens die ㊵ errichten. Im Jahr ㊶ n. Chr. erlitten die römischen Heere unter Führung des ㊷ eine schwere Niederlage gegen die germanischen Truppen.

Herrscher und Eroberer I

31–32 a … *Kaiser Nero.*

b Nach der Aufteilung des Reichs stritten ㊸ und Maxentius um die Herrschaft über das Weströmische Reich. Im Jahr ㊹ kam es zur Entscheidungsschlacht an der ㊺. – Bei den Römern kamen neue Religionen auf, z. B. das ㊻ und der Kult des persischen Sonnengottes ㊼.

___ ab urbe condita	___ Achill	___ Ädile	___ Aeneis	___ Agamemnon	___ Anchises
___ Ara Pacis	___ Caesar	___ Cannae	___ Christentum	___ Hamilkar Barkas	___ Hannibal
___ Homer	___ Ilias	___ Ithaka	___ Julus	___ Kirke	___ Konstantin	___ Kyklopen
___ Latinus	___ Latium	___ Milvischen Brücke	___ Mithras	___ Octavian	___ Patrizier
___ Penelope	___ Plebejer	___ Prätoren	___ Princeps	___ Pyrrhus	___ Quästoren
___ Schliemann	___ Sizilien	___ Tarquinius	___ Turnus	___ Varus	___ Venus	___ Vergil
___ Veto	___ Volkstribunen	___ Zama	___ 9	___ 19	___ 27	___ 264	___ 312	___ 654

1 a Führe den Superlativ auf den in Genus, Numerus und Kasus entsprechenden Positiv zurück. Übersetze dann den gesamten Ausdruck.

puer felicissimus	*felix*	*der glücklichste Junge*
carmen praeclarissimum		
pugna acerrima		
pars maxima		
athletae¹ fortissimi		
orator optimus		

b Nenne den Positiv zu folgenden Adverbformen im Komparativ. Übersetze die Sätze.

Alcibiades celerius currit quam Creon.   *celeriter*

Alkibiades läuft schneller als Kreon.

1. Quis clarius cogitat quam Plato?   _____

2. Melius cano quam tu.   _____

3. Nemo fortius pugnat quam Milo.   _____

G 2 Setze die passende Verbindung ein. Eine bleibt übrig. Übersetze die Sätze.

maiore vi pugnantem – fortissime certantes – clariore voce canentis – celerius currentibus

1. Athletae¹ _____ victoriam sibi parant.

2. Civibus _____ extra urbem auxilium datum est.

3. Quis se _____ Herculem vincere posse putat?

W 3 Ergänze die Lücken der folgenden vier Sätze durch deutsche Fremdwörter, die sich auf vier der folgenden Wörter aus L 33 zurückführen lassen. Ihre Anfangsbuchstaben ergeben einen Begriff, der in den 5. Satz passt.

tribuere – maior – intellegere – ornare – efficere – celebrare

1. Der Redner _____ seine hohe Kunst. 2. Doch diesmal ist sein Einsatz

wenig _____ . 3. Für diesen schwierigen Fall fehlt ihm der nötige

_____ . 4. Außerdem zollt er seinem Alter _____ .

5. Am Schluss hat er nicht mehr die nötige _____ .

4 a Stelle alle Adjektive und Adverbien in Steigerungsform zusammen. Nenne ihren Positiv.
Unterscheide die Formen nach regelmäßiger und unregelmäßiger Steigerung.

b Nenne die Verben für „Wettkampf", die im Text verwendet sind.

c Stelle die Unterschiede zwischen dem Kampf in Olympia und dem im Kolosseum zusammen.

Tödlicher Wettkampf in der Arena

1 Etiam in Colosseo viri robustissimi de victoria certant. Ibi gladiatores[1] maximos labores
2 subeunt. Neque enim fortissime inter se pugnantes vinci et crudelissime interfici volunt.
3 Sed saepe alius ab alio celerrimo impetu[1] opprimitur, si periculum sero[2] intellegit. Postea
4 bestiae[3] furore acerrimo in arenam[1] ruunt gladiatores[1]que dilacerare[4] temptant. Tum plurimis
5 fortuna non iam favet, etsi summis viribus contendunt. Bestiae[3] enim maiores et robustiores
6 sunt quam homines. Sed saepe gladiatores[1] optime pugnantes et vincentes honoribus ornantur.

1) **impetus, -ūs** m: Angriff   2) **sērō**: (zu) spät   3) **bestia, -ae** f: wildes Tier   4) **dīlacerāre**: zerreißen

5 Die Olympischen Spiele in der Antike
Ergänze die fehlenden Zahlen und Begriffe.

Die Olympischen Spiele wurden seit

_____ veranstaltet. Ihr Stifter soll

_____ gewesen sein. An den

Wettkämpften durften nur die _____

teilnehmen. Diese fanden im heiligen Hain des Gottes

_____ statt. Ihm zu Ehren hatte

der athenische Künstler _____

eine mächtige Statue geschaffen. In deren Nähe schworen die

Sportler auch den

_____ .

Dort entzündete man auch zu Ehren der Göttin Hestia das

_____ _____ . Solange dieses

brannte, war es in ganz Griechenland verboten, _____ zu führen.

Die 393 v. Chr. abgeschafften Spiele wurden auf Veranlassung des Franzosen Pierre de

Coubertin im Jahr _____ erstmals in der Neuzeit wiederaufgeführt. Als Symbol des

Erfolges erhielten die antiken Sieger keine „Goldmedaille" sondern einen

_____ .

G 1 a Übersetze wörtlich und frei.

Terra movetur.	*Die Erde wird bewegt.*	*Die Erde bewegt sich.*
Homines mutantur.	_____	_____
Cives terrentur.	_____	_____
Dux „Magnus" appellatur.	_____	_____

★ **b** Unterstreiche die Deponensformen. Übersetze alle Formen.

cantati estis	coacti estis	conati estis

_____

potiemini	patimini	portamini

_____

★ **c** Ordne folgenden Formen von Aktiv-Verben die passende Deponensform aus **b** zu.

temptavistis	laboratis	capietis

_____

G 2 ★ **a** Ersetze in folgenden Sätzen jeweils den Abl. abs. durch eine in etwa gleichbedeutende PC-Konstruktion aus dem Kasten.
Übersetze die Sätze mit präpositionaler Verbindung und mit Gliedsatz.

> milites hortatus – urbe potitus – multas res conatae – multa locutus

1. Hannibal urbe capta/ _____ exercitum suum iterum in castra duxit.

2. Multis verbis dictis/ _____ legatos dimisit.

3. Militibus monitis/ _____ , ut fortissime pugnarent, in pugnam ruit.

4. Multis rebus temptatis/ _____ copiae hostium Romanos non vicerunt.

b Markiere die Gerundia farbig. Bestimme ihren Kasus.
Unterstreiche ein Adverb oder Objekt, das das Gerundium erweitert.
Übersetze die Sätze.

1. Cui maxima ars loquendi erat? _____

_____

2. Romani occasionem potiendi urbe quaesiverunt. _____

_____

3. Dux acriter hortando milites ad pugnandum incitavit. _____

_____

4. Multa experiendo Archimedes res novas invenit. _____

_____

W ★ 3 Führe die folgenden englischen Wörter auf ihre lateinischen Ursprungswörter aus L 34 zurück. Gib die Bedeutung der lateinischen Wörter an.

admire _____   col-loquial _____

glory _____   passion _____

contemplate _____   experience _____

★ 4 a Unterstreiche alle Deponensformen im Text und bestimme sie.

b Markiere die Gerundia im Text und nenne den Infinitiv Präsens des Verbs.

c Informiere dich, für welches Problem Archimedes da eine Lösung gefunden hat.

Nackt auf der Straße

1 Archimedes semper, ut experiendo res difficiles solveret[1], multos labores passus est. Cum

2 aliquando rem diu frustra experiretur, mentem remittere[2] conatus est. Itaque in balneam[3],

3 ut quiesceret, iit ibique vestimentis[4] depositis in aquam alvei[5] descendit. Modo autem corpore

4 suo aquam in alveo[5] redundare[6] videbat, cum subito celeriter surrexit et ex balnea[3] fugit.

5 Traditum est eum nudum[7] per viam cucurrisse magna voce loquendo: „Inveni! Inveni!"

6 1) **solvere**: lösen   2) **remittere**: entspannen   3) **balnea, -ae** f: Badeanstalt   4) **vestimentum, -ī** n: Kleidungsstück
5) **alveus, -ī** m: Wanne   6) **redundāre**: überfließen   7) **nūdus, -a, -um**: nackt

5 Ein Kollege des Archimedes

Ergänze den Lückentext und trage die Begriffe in das Kreuzworträtsel ein. Im rot umrandeten Feld ergibt sich als Lösung der Name eines Kollegen des Archimedes.

1. Archimedes war in seiner Wissenschaft nicht nur _____ , sondern

auch Praktiker. 2. Zur Bewässerung der Felder erfand er die _____ .

3. Durch das Element _____ machte Archimedes seine

größte Entdeckung. 4. Nach dem _____ konnte er die Welt bewegen.

5. Im Bad sitzend entdeckte er das spezifische _____ .

6. In _____ betrieb Archimedes seine Forschungsarbeiten.

Lösung: _____

G 1 **a** Gib folgende Gerundium-Konstruktionen mit einem Substantiv wieder.
Nenne jeweils den Infinitiv Präsens der -nd-Form-.

legendo libros	*durch Bücherlesen*	*legere*
ars dicendi	_____	_____
amando homines	_____	_____
facultas merendi pecuniam	_____	_____
timor moriendi	_____	_____

b Ordne den deutschen Wendungen jeweils die entsprechende lateinische Version zu.

vino diu bibendo – ad bellum gerendum – spes liberorum protegendorum –

paratus ad arma utenda – pace facienda – in praemiis tribuendis

1. Hoffnung auf Kinderschutz _____

2. bei der Preisverleihung _____

3. zur Kriegsführung _____

4. durch langen Weingenuss _____

5. durch Friedensschluss _____

★ 2 **Die beherrschte nur einer in Rom**
Fülle die Kästchen senkrecht von unten nach oben mit den rechts stehenden Formen.
Nicht alle passen.
Übersetze das Lösungswort im rot umrandeten Feld.

1. Bring in deine Gewalt!
2. ich zürne
3. Er soll folgen!
4. sie gebrauchen
5. reisen
6. du versuchst

Sequatur!
conaris
admirantur
Potire!
irascor
proficisci
patiebatur
utuntur

1. 2. 3. 4. 5. 6.

Lösung: _____

G 3 ★ **a** Unterstreiche die Deponensformen und nenne die Konstruktionen, in der die Deponentien jeweils verwendet sind.

b Markiere die Gerundivum-V-Konstruktionen.

Gladiatorenspektakel

1. Gladiatores¹ ad vitam amittendam in arenam¹ profectos omnes fere admirati esse dicuntur.

2. Saepe autem vir arenae¹ relinquendae causa fugisse fertur bestiis acerrime sequentibus.

3. Gladiatoribus¹ summa vi utenda tamen numquam contigit, ut bestiis¹ potirentur.

4. Seneca philosophus¹ ad tale spectaculum contemplandum in Colosseum profectus male de eo iudicavisse videtur.

W 4 Stelle aus dem Lektionstext 35 sechs Wörter zusammen, die sich dem Sachfeld „Gericht" zuordnen lassen. Gib auch ihre deutsche Bedeutung an.

_____

_____

_____

_____

_____

_____

5 **Alles über Sokrates**

Kreuze jeweils an, ob die Aussagen über Sokrates richtig oder falsch sind.
Die Buchstaben der richtigen Aussagen ergeben von unten nach oben gelesen den Namen einer Gestalt, die viel mit dem Philosophen zu tun hatte.

	richtig		falsch	
1. Sokrates ließ sich bei seinem Prozess von keinem Staranwalt Athens verteidigen.	N		U	
2. Er war nämlich wegen Gottlosigkeit angeklagt worden.	O		S	
3. Er setzte außerdem auf dem Marktplatz den Menschen mit tiefsinnigen Fragen hartnäckig zu.	T		E	
4. Auf der Akropolis hatte er seine Schule das „Sokrateion" gegründet.	R		P	
5. Das Hauptwerk, das er schrieb, heißt „Über den Frieden".	G		X	
6. Er spürte in sich eine göttliche Stimme, die ihn warnte.	A		B	
7. Vor dem Hinrichtungstod sprach er mit seinen Schülern über die Götter auf dem Olymp.	K		F	
8. Dann trank er ruhig und gelassen den Gifttrank.	L		D	
9. Sokrates hat die Ethik als Teil der Philosophie entdeckt.	P		H	
10. Die Richter nannten Sokrates den „weisesten Menschen".	I		N	

Lösung: _____

1 a Gib die Gerundivum-N-Konstruktion zunächst wörtlich und dann freier wieder.

celebrandum est – patiendum non erat – solvendum erit – pax facienda est – virtutes

praestandae erant – discendum fuit – senectus ferenda erit – vis adhibenda non est

b Unterstreiche das Prädikat, das der Form nach zum Subjekt passt.
Übersetze dann die Verbindung.

1. Liberi (docendi sunt/cognoscendae erant/praecipienda sunt).

_____

2. Scientia (monenda sunt/discenda erit/agenda erant).

_____

3. Pecunia (praeferenda non est/accipiendum erit/danda fuerunt).

_____

c Nenne jeweils die Funktion des Dativs (Dativ als Objekt: D-O/Dativ des Urhebers: D-U) und
übersetze die Sätze.

1. Magistro parendum est. _____

2. Servo laborandum est. _____

3. Mihi vino fruendum non erat. _____

G 2 Nenne die Konstruktionen, mit denen das Gerundivum-N „zusammengebaut" ist.
Übersetze die Sätze.

1. In pace servanda omnibus cura adhibenda est. _____

2. Quis occasionem bene agendi sibi neglegendam non esse putabat? _____

3. Unus vir in iuvenibus docendis maxima cura usus esse dicitur. _____

4. Hominibus semper id agendum erit, ut miseris auxilium dent. _____

W 3 Nenne Fremdwörter, die sich von den lateinischen Adjektiven herleiten lassen, und
erkläre ihre Bedeutung.

extremus → _____

_____

maturus → _____

_____

carus → _____

_____

frequens → _____

_____

sanus → _____

_____

CURSUS

Arbeitsheft 3
mit Lösungen
Ausgabe A

Lösungen

Herausgegeben von Michael Hotz und
Prof. Dr. Friedrich Maier

Bearbeitet von Prof. Dr. Friedrich Maier und Andrea Wilhelm

C.C.Buchner Verlag, Bamberg
J. Lindauer Verlag, München
Oldenbourg Schulbuchverlag, München

Tipps zum Vorgehen

Nimm dir jeweils einen Abschnitt vor, z. B. Vokabeln 22 oder Verben oder Kulturwissen 31–32.
Wenn du dich nicht ganz sicher fühlst, dann informiere dich vorher über das jeweilige Thema, indem du z. B. die Vokabeln des Blocks wiederholst, den Stoff in der Begleitgrammatik klärst oder das Kulturwissen im Buch nachliest.
Führe die Wiederholungsaufgaben konzentriert durch, nutze für die Bearbeitung auch dein Heft und vergleiche deine Ergebnisse sorgfältig mit den Lösungen. Notiere dir Themen, zu denen Fragen entstanden sind, und kläre diese mithilfe deiner Lateinbücher oder deiner Lehrkraft.
Führe die Aufgaben nach einem gewissen zeitlichen Abstand (z. B. vier Wochen) noch einmal durch und überprüfe, ob du sicherer geworden bist.

W Wortschatz 21–32

a Überprüfe die Bedeutungen der Vokabeln mithilfe des alphabetischen Vokabelverzeichnisses in deinem Schüler-band. Lege dir eine Liste an mit Vokabeln, deren Bedeutung du nicht sicher gewusst hast, und nutze diese Liste für dein persönliches Vokabeltraining.

b Wenn deine Übersetzung eines Satzes von der hier gegebenen Lösung abweicht, dann kläre, ob es sich nur um einen Unterschied in der Formulierung oder um einen Fehler in Grammatik oder Vokabeln handelt. Nimm bei einem Vokabelfehler die Vokabel in deine persönliche Lernliste auf.

21–22

b 1. Nachdem die Gefährten den Strand unverletzt verlassen hatten, zerstörten die Feinde die Stadt.
2. Die Frauen hießen die Meinung nicht gut, weil sie eine Falle fürchteten.
3. Sobald wir aus diesem Ort heil geflohen sind (sein werden), werden wir uns dem Priester zu Füßen werfen.

23–24

b 1. Kurz darauf ist die Flotte vom Anführer der Troianer versammelt/zusammengebracht worden.
2. Wegen des so großen Verbrechens wütend hat der eine den anderen getötet.
3. Die Völker der Welt haben keinen Krieg nötig/brauchen keinen Krieg.

25–26

b 1. Die Kinder sind aus dem Schlaf aufgeweckt worden, weil sie auf der Burg nicht mehr sicher waren.
2. Der Begleiter hat die Aufträge der führenden Männer sorgfältig ausgeführt.
3. Wir fragen die Senatoren um Rat, denn wir haben ihre Tüchtigkeit erkannt.

27–28

b 1. Es ist notwendig, dass jenes Heer vom Gebiet fern-gehalten wird.
2. Die von der Gier nach Gold verleiteten Soldaten belagerten die Tempel/das Haus.
3. Dieser (da) ruht nicht und plant täglich (in seinem Sinn) ein Verbrechen.

29–30

b 1. Als die Ankunft des berühmten Heeres gemeldet worden war, schlossen die Wächter sofort die Zugänge.
2. Verzeih ihm, weil er mit schlechten Nachrichten deine Ruhe unterbricht/stört!
3. Es ist nötig/gehört sich, dass die Nachricht über das Unglück/die Niederlage ohne Verzögerung gemeldet/herbeigebracht wird.

31–32

b 1. Die Soldaten waren bewaffnet vorgerückt, aber sie sind besiegt und in die Flucht geschlagen worden.
2. Er blickt in das Buch und liest gleichzeitig Verse vor.
3. Wir blicken vom Turm auf alte Gebäude, auf Gassen/Dörfer und den Fluss herab.

G Grammatik 21–32: Wortarten und Formen

Zur Klärung von Fragen hilft dir deine Begleitgrammatik:
Im Tabellenteil ab S.155 findest du die Formen nach Wortarten sortiert.
Im Sachverzeichnis ab S.185 findest du alphabetisch geordnet Stichwörter, unter denen du nachschlagen kannst.

Substantive

a timor → timoris → Kons. Dekl. - res → rei → e-Dekl. - anima → animae → a-Dekl. - laus → laudis → Kons. Dekl. - pars → partis → Kons. Dekl. - exercitus → exercitus → u-Dekl. - custos → custodis → Kons. Dekl. - litus → litoris → Kons. Dekl. - ferrum → ferri → o-Dekl. - socius → socii → o-Dekl. - mulier → mulieris → Kons. Dekl. - virtus → virtutis → Kons. Dekl.

b iniuria → f - adventus → m - pax → f - fatum → n - modus → m - munus → n - liber → m - manus → f - potestas → f - crimen → n - orbis → m

c sententias → Akk. Pl. von sententia (a-Dekl.): die Meinung, die Ansicht - locum → Akk. Sg. von locus (o-Dekl.): der Ort, die Stelle - studio → Dat./Abl. Sg. von studium (o-Dekl.): der Eifer, die Bemühung - comitem → Akk. Sg. von comes (Kons. Dekl.): der/die Begleiter(in) - rebus → Dat./Abl. Pl. von res (e-Dekl.): die Sache; das Ereignis - milites → Nom./Akk. Pl. von miles (Kons. Dekl.): der Soldat - munere → Abl. Sg. von munus (Kons. Dekl.): das Amt, die Aufgabe, das Geschenk - aditum → Akk. Sg. von aditus (u-Dekl.): der Zugang; der Zutritt - ira → Nom./Abl. Sg. von ira (a-Dekl.): der Zorn, die Wut - spem → Akk. Sg. von spes (e-Dekl.): die Hoffnung - flumina → Nom./Akk. Pl. von flumen (Kons. Dekl.): der Fluss - animam → Akk. Sg. von anima (a-Dekl.): die Seele; der Atem, das Leben - onerum → Gen. Pl. von onus (Kons. Dekl.): die Last - plebis → Gen. Sg. von plebs (Kons. Dekl.): die Plebejer; das Volk - fatum → Nom./Akk. Sg. von fatum (o-Dekl.): das Schicksal - exercitus → Nom./Gen. Sg., Nom./Akk. Pl. von exercitus (u-Dekl.): das Heer - diebus → Dat./Abl. Pl. von dies (e-Dekl.): der Tag - mulieri → Dat. Sg. von mulier (Kons. Dekl.): die Frau - criminibus → Dat./Abl. Pl. von crimen (Kons. Dekl.): der Vorwurf; das Verbrechen - victoriae → Gen./Dat. Sg., Nom. Pl. von victoria (a-Dekl.): der Sieg - praesidia → Nom. /Akk. Pl. von praesidium (o-Dekl.): der Schutz; die Schutz-truppe - copiis → Dat./Abl. Pl. von copia (a-Dekl.): der Vorrat; die Menge; die Truppen - sociorum → Gen. Pl. von socius (o-Dekl.): der Gefährte; der Verbündete - pace →

Abl. Sg. von *pax* (Kons. Dekl.): der Friede – manibus → Dat. /Abl. Pl. von *manus* (u-Dekl.): die Hand; die Schar – modo → Dat./Abl. Sg. von *modus* (o-Dekl.): die Art, die Weise; das Maß – fidei → Gen./Dat. Sg. von *fides* (Kons. Dekl.): das Vertrauen; die Treue – metu → Abl. Sg. von *metus* (u-Dekl.): die Angst, die Furcht – finibus → Dat./Abl. Pl. von *finis* (Kons. Dekl.): das Ende; die Grenze; das Gebiet

d 1. Ablativ der Beschaffenheit – Odysseus, ein Mann von höchster Klugheit/ein sehr kluger Mann, hat seine Gefährten gerettet.
2. Genitiv zur Angabe des „Subjekts"/Genitivus subiectivus – Als Aenas Dido verlassen hatte, war der Schmerz der Königin groß.
3. Genitiv der Beschaffenheit – Caesar liebte Kleopatra, weil sie eine Frau von außerordentlicher Schönheit/eine außerordentlich schöne Frau war.
4. Genitiv zur Angabe des „Objekts"/Genitivus obiectivus – Die Söhne des Königs sind, von der Gier nach der Königsherrschaft getrieben, schnell nach Rom zurückgekehrt.
5. Dativ des Besitzers – Kaiser Nero hatte ein goldenes Haus.
6. doppelter Akkusativ – Auf der Burg hielten die Römer sich für sicher.
7. Ablativ der Zeit, Akkusativ der zeitlichen Ausdehnung – Im Zeitalter Caesars sind viele Jahre lang Kriege geführt worden.
8. Genitiv zur Angabe des „Objekts"/Genitivus obiectivus, Ablativ des Ortes – Von der Liebe zur Königin gepackt, blieb Aeneas lange in Karthago.

Adjektive und Adverbien

a clare → Adj.: clarus: hell, klar; berühmt – diligenter → Adj.: diligens: gewissenhaft, sorgfältig – breviter → Adj.: brevis: kurz – clementer → Adj.: clemens: sanft – certe → Adj.: certus: sicher; bestimmt – male → Adj.: malus: schlecht, schlimm – molliter → Adj.: mollis: freundlich; weich, angenehm – mire → Adj.: mirus: wunderbar; erstaunlich – acriter → Adj.: acer: heftig – superbe → Adj.: superbus: stolz – obscure → Adj.: obscurus: dunkel – crudeliter → Adj.: crudelis: grausam – blande → Adj.: blandus: schmeichlerisch – fortiter → Adj.: fortis: tapfer; kräftig – bene → Adj.: bonus: gut; tüchtig – vehementer → Adj.: vehemens: heftig – parce → Adj.: parcus: spärlich; sparsam – familiariter → Adj.: familiaris: vertraut, freundschaftlich – graviter → Adj.: gravis: schwer; ernst

b annis proximis: in den nächsten/letzten Jahren – domus aureae: des goldenen Hauses – viae angustae: die engen Wege – mandatum difficile: ein schwieriger Auftrag – re pulchra: durch ein schönes Ereignis/eine schöne Sache – flumini ingenti: dem gewaltigen Fluss – liberorum parvorum: der kleinen Kinder – crimina terribilia: die schrecklichen Verbrechen – loco tuto: an einem sicheren Ort – exercituum inimicorum: der feindlichen Heere – die certo: an einem bestimmten Tag

Verben

a mittere, mitto, misi, missum: schicken – nuntiare, nuntio, nuntiavi, nuntiatum: melden, berichten – delere, deleo, delevi, deletum: zerstören; vernichten – vincere, vinco, vici, victum: (be)siegen – ferre, fero, tuli, latum: bringen; tragen; ertragen – facere, facio, feci, factum; machen – ire, eo, ii, itum: gehen – dare, do, dedi, datum: geben – dicere, dico, dixi, dictum: sagen; sprechen – pellere, pello, pepuli, pulsum: schlagen, stoßen; vertreiben – premere, premo, pressi, pressum: (unter)drücken; bedrängen – agere, ago, egi, actum: tun; handeln – capere, capio, cepi, captum: nehmen, erobern; fassen – ducere, duco, duxi, ductum: führen; ziehen – ponere, pono, posui, positum: setzen; stellen; legen

b impera|nt → 3. Pl. Präs. Akt.: sie befehlen – victi | sunt → 3. Pl. (m) Perf. Pass.: sie sind besiegt worden – expugnav|era|mus → 1. Pl. Plqupf. Akt.: wir hatten erobert – volv|o → 1. Sg. Präs. Akt.: ich rolle, wälze – interfici|e|mini → 2. Pl. Fut. I Pass.: ihr werdet getötet werden – custodi|eba|ris → 2. Sg. Impf. Pass.: du wurdest bewacht – volu|it → 3. Sg. Perf. Akt.: er/sie/es hat gewollt – clausum | erat → 3. Sg. (n) Plqupf. Pass.: es war geschlossen worden – fu|imus → 1. Pl. Perf. Akt.: wir sind gewesen – affer|eba|m → 1. Sg. Impf. Akt.: ich brachte herbei – cog|or → 1. Sg. Präs. Pass.: ich werde gezwungen – i|bi|s → 2. Sg. Fut. I Akt.: du wirst gehen – deposu|isti → 2. Sg. Perf. Akt.: du hast niedergelegt – oppugnatum | erit → 3. Sg. (n) Fut. II Pass.: es war belagert worden – tul|istis → 2. Pl. Perf. Akt.: ihr habt getragen – rapu|erunt → 3. Pl. Perf. Akt.: sie haben geraubt – disced|e|t → 3. Sg. Fut. I Akt.: er/sie/es wird weggehen – er|a|m → 1. Sg. Impf. Akt.: ich war – pulsae | estis → 2. Pl. (f) Perf. Pass.: ihr seid geschlagen worden – rex|era|s → 2. Sg. Plqupf. Akt.: du hattest geherrscht – finiv|era|mus → 1. Pl. Plqupf. Akt.: wir hatten beendet – mone|bu|ntur → 3. Pl. Fut. I Pass.: sie werden gemahnt werden – fec|era|m → 1. Sg. Plqupf. Akt.: ich hatte gemacht

c premeremur → von *premere*: 1. Pl. Konj. Impf. Pass. – deleant → von *delere*: 3. Pl. Konj. Präs. Akt. – rapta esses → von *rapere*: 2. Sg. Konj. Plqupf. Pass. – concesseritis → von *concedere*: 2. Pl. Konj. Perf. Akt. – postuletur → von *postulare*: 3. Sg. Konj. Präs. Pass. – lata sint → von *ferre*: 3. Pl. Konj. Perf. Pass. – auderes → von *audere*: 2. Sg. Konj. Impf. Akt. – recepissem → von *recipere*: 1. Sg. Konj. Plqupf. Akt.

d nuntiavit → nuntiantes, nuntiata – pepulimus → pellentes, pulsa – monentur → monentes, monita – refert → referentes, relata – gessisti → gerentes, gesta – reddideram → reddentes, reddita – inibit → ineuntes, inita – custodient → custodientes, custodita

e imperatur → imperare/imperari, imperavisse/imperatum esse, imperaturum esse – deleverat → delere/deleri, delevisse/deletum esse, deleturum esse – condidi → condere/condi, condidisse/conditum esse, conditurum esse – finiam → finire/finiri, finivisse/finitum esse, finiturum esse – respexisses → respicere/respici, respexisse/respectum esse, respecturum esse – inibat → inire/iniri, inisse/initum esse, initurum esse – referuntur → referre/referri, retulisse/relatum esse, relaturum esse

Pronomina

a 1. Cicero: „Oro vos, senatores, ut mihi aures detis et verba mea audiatis. → Akk., Pers. *vos* – Dat., Pers. *ego* – Akk. Pl. n, Poss. *meus*. – Cicero (sagt): „Ich bitte euch, Senatoren, dass ihr mir eure Ohren gebt/leiht und meinen Worten zuhört. 2. Catilinam cottidie de nostro interitu cogitat, nos interficere vult. → Abl. Sg. m, Poss. *noster* – Akk. Pl., Pers. *nos* – Catilina denkt täglich über unser Verderben nach, er will uns töten. 3. Nonne sentis, Catilina, consilia tua patere? → Akk. Pl. n, Poss. *tuus* – Merkst du denn nicht, Catilina, dass deine Pläne offenliegen? 4. Ego video, quid tu facias. → Nom. Sg., Pers. *ego* – Nom. Sg., Pers. *tu* – Ich sehe, was du machst. 5. A praesidiis meis obsideris. – Abl. Pl. n, Poss. *meus* – Du wirst von meinen Schutztruppen belagert. 6. Oculi vestri, senatores, Catilinam semper custodient. A vobis semper circumvenietur. → Nom. Pl. m, Poss. *vester* – Abl., Pers. *vos* – Eure Augen, Senatoren, werden Catilina immer bewachen. Von euch wird er immer umzingelt werden. 7. Catilina consilia sua mutare debebit." → Akk. Pl. n, Poss. *suus* – Catilina wird seine Pläne ändern müssen."

b muris → Dat. Pl. m → his/illis muris: diesen/jenen Mauern – aedificia → Nom./Akk. Pl. n → haec/illa aedificia: diese/jene Gebäude – avium → Gen. Pl. f → harum/illarum avium: dieser/jener Vögel – liber → Nom. Sg. m → hic/ille liber: dieses/jenes Buch – ore → Abl. Sg. n → hoc/illo ore: durch diesen/jenen Mund – iniuriam → Akk. Sg. f → hanc/illam iniuriam: dieses/jenes Unrecht – sacerdoti → Dat. Sg. m → huic/illi sacerdoti: diesem/jenem Priester – nepotum → Gen. Pl. m → horum/illorum nepotum: dieser/jener Enkel – domus → Gen. Sg. f → huius/illius domus: dieses/jenes Hauses

c 1. Romani Hannibalem eiusque milites valde timuerunt, nam ii exercitus Romanos vicerant. eius → Poss., ii → Dem. – Die Römer fürchteten Hannibal und seine Soldaten sehr, denn diese Heere hatten die Römer besiegt.
2. Itaque, cum Hannibal ante portas urbis staret, Romani eas clauserunt, ut ille ab urbe arceretur. eas → Pers. – Deshalb haben die Römer, als Hannibal vor den Toren der Stadt stand, sie geschlossen, damit jener von der Stadt ferngehalten wird.
3. Dei preces eorum audiverunt, nam Hannibal urbem eo die non oppugnavit. eorum → Poss., eo → Dem. – Die Götter haben ihre/deren Bitten erhört, denn Hannibal hat an diesem Tag die Stadt nicht angegriffen.

G Grammatik 21–32: Syntax

Satzglieder

1. Mulier (→ Subjekt: wer/was?) socios (→ Objekt: was?) blandis (→ Adjektiv-Attribut: wie beschaffen?) verbis (→ Adverbiale: womit/wodurch?) invitavit (→ Prädikat).
2. Mox (→ Adverbiale: wann?) filii (→ Subjekt: wer/was?) regis (→ Genitiv-Attribut: wessen?/wozu gehörig?) cum Bruto (→ Adverbiale: mit wem?) in Graeciam (→ Adverbiale: wohin?) contenderunt (→ Prädikat). Subito (→ Adverbiale: wann?) ad terram (→ Adverbiale: wohin?) cecidit (→ Prädikat/Subjekt im Prädikat: wer?), eam (→ Objekt: was?) ore (→ Adverbiale: womit/wodurch?) tetigit (→ Prädikat/Subjekt im Prädikat: wer/was?).
3. Fratres (→ Subjekt: wer/was?) urbem (→ Objekt: was?) condere (→ Objekt: was?) constituerunt (→ Prädikat).
4. Romani (→ Subjekt: wer/was?), postquam magno (→ Adjektiv-Attribut: wie beschaffen?) clamore (→ Adverbiale: womit/wodurch?) excitati sunt (→ Prädikat/Subjekt im Prädikat: wer?), arma (→ Objekt: was?) ceperunt (→ Prädikat).
5. Laocoon (→ Subjekt: wer/was?) [viros in equo (→ Adverbiale: wo?) latere] (→ Objekt: was?) dixit (→ Prädikat).
6. Hamilcar (→ Subjekt: wer/was?) filium (→ Objekt: wen?) manu (→ Adverbiale: womit?) tenuit (→ Prädikat). Eum (→ Objekt: wen?) ardentibus (→ Attribut: wie beschaffen?) oculis (→ Adverbiale: womit/wodurch?) aspiciens (→ Adverbiale: wann?) in templum (→ Adverbiale: wohin?) duxit (→ Prädikat/Subjekt im Prädikat: wer?).
7. [His verbis dictis] (→ Adverbiale: wann?) domum (→ Objekt: was?) reliqui (→ Prädikat/Subjekt im Prädikat: wer?).

Satzgefüge: Gliedsätze im Indikativ

1. Laocoon sacerdos: „Graecos timeo, etsi dona ferunt." – Konzessivsatz – Der Priester Laokoon (sagte): „Ich fürchte die Griechen, auch wenn sie Geschenke bringen."
2. Ulixes, ubi has res audivit, gladium sumpsit, litus reliquit, socios liberavit. – Temporalsatz – Sobald Odysseus diese Dinge/davon gehört hatte, nahm er sein Schwert, verließ den Strand und befreite die Gefährten.
3. Mercurius: „Respice, Aenea, novam gentem, cuius fatum est Italiam regere!" – Relativsatz (Attributsatz) – Merkur (sagte): „Denke, Aeneas, an das neue Volk, dessen Schicksal es ist, Italien zu beherrschen!"
4. Filii regis, postquam Delphos venerunt, patris mandata perfecerunt. – Temporalsatz – Nachdem die Söhne des Königs nach Delphi gekommen waren, führten sie die Aufträge ihres Vaters aus.
5. Remus: „Quoniam inter nos non convenit, auxilio deorum opus est." – Kausalsatz – Remus (sagte): „Da ja keine Einigung zwischen uns zustande kommt/wir uns ja nicht einigen können, ist die Hilfe der Götter nötig/brauchen wir die Hilfe der Götter."
6. Tarquinius vitae Bruti nepotis pepercit, quia nullum periculum ab eo instare putabat. – Kausalsatz – Tarquinius verschonte das Leben seines Neffen Brutus, weil er glaubte, dass keine Gefahr von ihm ausgehe.
7. Hamilcar: „Te in Hispaniam ducam, si fidem, quam postulo, dederis." – Konditionalsatz, Relativsatz (Attributsatz) – Hamilkar (sagte): „Ich werde dich nach Spanien führen/mitnehmen, wenn du das Versprechen, das ich verlange, geben wirst/gegeben haben wirst/gegeben hast."
8. Dum hostes urbem expugnant, dux, tribuni, milites se in castris continebant, quod metuebant. – Temporalsatz, Kausalsatz. – Während die Feinde die Stadt belagerten, hielten sich der Anführer, die Tribune und die Soldaten im Lager auf, weil sie Angst hatten.

Satzgefüge: Gliedsätze im Konjunktiv

1. Oro vos, senatores, ut taceatis et mihi aures detis, et rogo, ne animos alias in curas vertatis. – 2. Pl. Konj. Präs. Akt. – Begehrsatz – Ich bitte euch, Senatoren, dass ihr schweigt und mir eure Ohren gebt/leiht, und ich bitte (darum), dass ihr eure Herzen/Aufmerksamkeit nicht auf andere Sorgen richtet.
2. Non ignoro, ubi proxima nocte fueris, quid a te cogitetur. – 2. Sg. Konj. Perf. Akt., 3. Sg. Konj. Präs. Pass. – Indirekter Fragesatz – Ich weiß genau, wo du in der letzten Nacht gewesen bist, was von dir ausgedacht /geplant wird.
3. Caesarem, cum mulier pulchra apparuisset, tanta admiratio incessit, ut diu taceret. – 3. Sg. Konj. Plqupf. Akt., 3. Sg. Konj. Impf. Akt. – Temporalsatz, Konsekutivsatz – Als die schöne Frau erschienen war, befiel Caesar eine so große Bewunderung, dass er lange schwieg.
4. Cum ignis per sex dies arderet, periculum erat, ne tota urbs flammis deleretur. – 3. Sg. Konj. Impf. Akt., 3. Sg. Konj. Impf. Pass. – Kausalsatz, Finalsatz – Weil das Feuer sechs Tage lang brannte, bestand die Gefahr, dass die ganze Stadt durch die Flammen zerstört wird.
5. Nisi Aeneas a Mercurio monitus esset et Didonem reliquisset, Troiani in Italiam non pervenissent. – 3. Sg. Konj. Plqupf. Pass., 3. Sg. Konj. Plqupf. Akt., 3. Pl. Konj. Plqupf. Akt. – Irrealis der Vergangenheit – Wenn Aeneas nicht von Merkur ermahnt worden wäre und Dido (nicht) verlassen hätte, wären die Troianer nicht nach Italien gelangt.
6. Cleopatra Caesarem adiit, ut auxilium ab eo peteret. – 3. Sg. Konj. Impf. Akt. – Finalsatz – Kleopatra trat an Caesar heran/wandte sich an Caesar, um Hilfe von ihm zu erbitten.
7. Mulier dolum invenit, ne adventus suus ab inimicis animadverteretur. – 3. Sg. Konj. Impf. Pass. – Finalsatz – Die Frau erfand eine List, damit ihre Ankunft nicht von den Feinden bemerkt wurde.

8. Maxentius, cum mortem effugere vellet, se Romae continebat. – 3. Sg. Konj. Impf. Akt. – Kausalsatz – Weil Maxentius dem Tod entfliehen wollte, hielt er sich in Rom auf.

Satzwertige Konstruktionen: Acl

1. Romani (exercitum Hannibalis ante portas esse) audiverunt. – Inf. Präs. Akt. (→ gleichzeitig) – Die Römer hörten, dass das Heer Hannibals vor den Toren sei.
2. Ferunt (Romulum fratrem necavisse). – Inf. Perf. Akt. (→ vorzeitig) – Man berichtet, dass Romulus seinen Bruder getötet habe.
3. Nero (omnes fere partes urbis deleri) vidit. – Inf. Präs. Pass. (→ gleichzeitig) – Nero sah, dass fast alle Teile der Stadt zerstört wurden.
4. Dido regina (Troianos Carthagine mansuros esse) sperabat. – Inf. Fut. Akt. (→ nachzeitig) – Die Königin Dido hoffte, dass die Troianer in Karthago bleiben werden.
5. Mercurius dixit (se a deis missum esse). – Inf. Perf. Pass. (→ vorzeitig) – Merkur sagte, dass er von den Göttern geschickt worden sei.
6. Caesar Cleopatrae promisit (eam reginam Aegypti futuram esse). – Inf. Fut. Akt. (→ nachzeitig) – Caesar versprach Kleopatra, dass sie die Königin von Ägypten sein werde.
7. Romani, cum (arcem diligenter custodiri) scirent, (se tutos esse) crediderunt. – Inf. Präs. Pass., Inf. Präs. Akt. (→ gleichzeitig) – Die Römer glaubten, dass sie sicher seien, weil sie wussten, dass die Burg gewissenhaft bewacht wird.
8. Cicero consul: „(Nos magno in periculo fuisse) scitis, senatores.“ – Inf. Perf. Akt. (→ vorzeitig) – Der Konsul Cicero (sagte): „Ihr wisst, Senatoren, dass wir in großer Gefahr gewesen sind.“

Satzwertige Konstruktionen: Participium coniunctum

1. Romulus (a fratre irrisus) arma cepit. – PPP (→ vorzeitig) – Romulus griff zu den Waffen, weil/als er von seinem Bruder ausgelacht worden war.
2. Caesarem (mulierem pulchram spectantem) admiratio formae incessit. – PPA (→ gleichzeitig) – Caesar befiel, als/während er die schöne Frau betrachtete, Bewunderung für die Schönheit.
3. Hostes pontem transeunt (pugnam supremam pugnaturi). – PFA (→ nachzeitig) – Die Feinde überschreiten die Brücke, um den letzten Kampf/den Entscheidungskampf zu kämpfen.
4. Galli (montem ascendentes) a Romanis de arce praecipitati sunt. – PPA (→ gleichzeitig) – Als die Gallier den Berg bestiegen/hochkletterten, wurden sie von den Römern von der Burg heruntergeworfen./Die Gallier, die den Berg bestiegen, wurden von den Römern ...

5. Aeneas ex urbe (a Graecis capta) cum paucis comitibus fugit. – PPP (→ vorzeitig) – Aeneas floh mit wenigen Begleitern aus der Stadt, die von den Griechen erobert worden war/nachdem/weil sie von den Griechen ...
6. Rex Delphos contendit (deos rogaturus). – PFA (→ nachzeitig) – Der König eilte nach Delphi, weil er die Götter befragen wollte/um die Götter zu befragen.
7. Ulixes socios (a Circa mutatos) servavit. – PPP (→ vorzeitig) – Odysseus rettete seine von Kirke verwandelten Gefährten/seine Gefährten, die/nachdem sie von Kirke verwandelt worden waren.
8. Tarquinius Superbus: „(A Bruto pulsus) in urbem Romam redibo.“ – PPP (→ vorzeitig) – Tarquinius Superbus (sagte): „Obwohl/Weil ich von Brutus vertrieben worden bin, werde ich nach Rom zurückkehren.“

Satzwertige Konstruktionen: Ablativus absolutus

1. (Exercitibus ab Hannibale victis) Romanos magnus timor incessit. – PPP (→ vorzeitig) – Weil/Nachdem die Heere von Hannibal besiegt worden waren, befiel die Römer große Furcht.
2. (Remo fratre moenia parva irridente) Romulus iratus fuit. – PPA (→ gleichzeitig) – Als/Weil/Während sein Bruder Remus über die kleinen Mauern spottete, war Romulus wütend.
3. (Cicerone consule) Catilina coniurationem fecit. – Substantiv statt Partizip → nominaler Abl. abs. – Als Cicero Konsul war,/Während Ciceros Konsulat machte Catilina eine Verschwörung.
4. (Laocoonte sacerdote interfecto) Troiani equum in urbem traxerunt. – PPP (→ vorzeitig) – Nachdem/Weil der Priester Laokoon getötet worden war, zogen die Troianer das Pferd in die Stadt.
5. Constantinus dormiens (sole occidente) crucem in caelo apparere vidit. – PPA (→ gleichzeitig) – Während Konstantin schlief, sah er, dass, während die Sonne unterging,/bei Sonnenuntergang ein Kreuz am Himmel erschien.
6. Nero: „(Me vivo) Romae aedificia, vici, aedes novae aedificabuntur.“ – Adjektiv statt Partizip → nominaler Abl. abs. – Nero (sagte): „Während ich lebe,/Zu meinen Lebzeiten werden in Rom neue Gebäude, Stadtviertel und Tempel gebaut werden.“
7. (Nuntio de clade Vari allato) Augustus valde perturbatus est. – PPP (→ vorzeitig) – Als die Nachricht von der Niederlage des Varus gebracht worden war, war Augustus sehr beunruhigt.
8. Cicero ad senatores: „(Vobis verba mea audientibus) Catilina novum scelus in animo volvit.“ – PPA (→ gleichzeitig) – Cicero (sagte) zu den Senatoren: „Während ihr meinen Worten zuhört, plant Catilina (in seinem Sinn) ein neues Verbrechen.“

K | Kulturwissen 21–32

Über das Kulturwissen kannst du in den Lektionen, jeweils auf deren erster und vierter Seite, auf den Kulturseiten der Inseln sowie im alphabetisch geordneten Eigennamenverzeichnis deines Buches ab S. 281 nachlesen.
Für die Informationstexte findest du hier Formulierungsbeispiele. Wenn dein Text in Sachinformationen davon abweicht, dann korrigiere ihn entsprechend.

21–22

a Informationstext über die *Vorgeschichte des Troianischen Krieges*:
Discordia, die Göttin der Zwietracht, hatte einen goldenen Apfel unter die drei Göttinnen Juno, Minerva und Venus geworfen, woraufhin diese sich darum stritten. Paris, der Sohn des Königs von Troia, sollte im Auftrag der Götter darüber entscheiden und wählte Venus, weil sie ihm die schönste Frau der Welt versprach. Paris entführte Helena, die als schönste Frau der Welt galt, aber mit König Menelaos von Sparta verheiratet war, und nahm sie mit nach Troia. Daraufhin griffen Menelaos und sein Bruder Agamemnon zusammen mit vielen griechischen Anführern wie Odysseus und Achill Troia an.

b ① Homer – ② Ilias – ③ Achill – ④ Agamemnon – ⑤ Schliemann – ⑥ 19 – ⑦ Ithaka – ⑧ Penelope – ⑨ Kyklopen – ⑩ Kirke

23–24

a Informationstext über die *Gründung Roms:*
In Latium herrschten die Nachkommen des Aeneas friedlich, bis König Numitor von seinem Bruder Amulius vom Thron vertrieben wurde. Amulius zwang Numitors Tochter Rea Silvia, Vestalin zu werden, weil sie als Priesterin der Vesta keine Kinder bekommen durfte. Sie bekam dennoch von Mars Zwillingssöhne, Romulus und Remus. Diese ließ Amulius auf dem Tiber aussetzen, sie wurden jedoch von einer Wölfin genährt und von einem Hirten gefunden und großgezogen. Als junge Männer rächten sie sich an Amulius und beschlossen, eine eigene Stadt zu gründen. Dabei kam es zu einem Streit, bei dem Romulus seinen Bruder erschlug.

b ⑪ Anchises – ⑫ Julus – ⑬ Venus – ⑭ Latium – ⑮ Latinus – ⑯ Turnus – ⑰ Vergil – ⑱ Aeneis – ⑲ Tarquinius

25–26

a Informationstext über *Brutus* (6. Jh. v. Chr.):
Brutus war der Neffe von Tarquinius Superbus, dem letzten der sieben etruskischen Könige Roms. Dieser herrschte sehr grausam und ließ aus Angst vor Attentaten auch viele Verwandte töten. Deshalb tat Brutus so, als sei er nicht zurechnungsfähig, weshalb ihn sein Onkel nicht für gefährlich hielt. Als das Orakel von Delphi gesagt hatte, dass als Nächster in Rom herrschen werde, wer als Erster der Mutter einen Kuss gebe, deutete er es richtig und berührte mit dem Mund die Erde, die Mutter von allen. Gemeinsam mit anderen vertrieb er die Tarquinier aus Rom und wurde einer der ersten beiden Konsuln.

b ⑳ Patrizier – ㉑ Plebejer – ㉒ Prätoren – ㉓ Ädile – ㉔ Quästoren – ㉕ Volkstribunen – ㉖ Veto – ㉗ Pyrrhus

27–28

a Informationstext über *Marcus Tullius Cicero:*
Cicero war ein sehr bekannter römischer Politiker, Redner und Schriftsteller. Er war ein *homo novus,* machte also Karriere in der Politik, obwohl er nicht aus einer Politiker-familie stammte. Im Jahr 63 v. Chr. war er Konsul und deckte die Verschwörung des Catilina auf, der geplant hatte, die Macht im Staat gewaltsam an sich zu reißen. Cicero verteidigte stets die Staatsform der Republik und stellte sich gegen Politiker, die Alleinherrscher werden wollten, wie z. B. Caesar und Marcus Antonius. Deshalb wurde er 43 v. Chr. ermordet. Seine Reden, Briefe und

philosophischen Schriften sind sehr berühmt und werden heute noch gelesen.

b ㉘ 264 – ㉙ Sizilien – ㉚ Hannibal – ㉛ Hamilkar Barkas – ㉜ Cannae – ㉝ Zama – ㉞ ab urbe condita – ㉟ 654

29–30

a Informationstext über *Gaius Iulius Caesar:*
Caesar war ein römischer Politiker und Feldherr; er stammte aus einer adligen Familie und wurde 100 v. Chr. geboren. Nachdem er 59 v. Chr. Konsul war, eroberte er in acht Jahre dauernden Kriegen die Gebiete von Gallien bis zum Rhein. Anschließend widersetzte er sich seiner Rückberufung durch den Senat, überschritt mit seinen Truppen den Grenzfluss Rubikon und löste damit den Bürgerkrieg aus, in dem Pompejus die Seite des Senats anführte. Daraus ging Caesar als Sieger hervor und war 45 v. Chr. Alleinherrscher in Rom. Mehrere Senatoren verbündeten sich gegen ihn und ermordeten ihn am 15.3., den Iden des März, 44 v. Chr.

b ㊱ Octavian – ㊲ Caesar – ㊳ princeps – ㊴ 27 – ㊵ Ara Pacis – ㊶ 9 – ㊷ Varus

31–32

a Informationstext über *Kaiser Nero:*
Nero wurde 54 n. Chr. zum Kaiser Roms ernannt; er war damals erst 16 Jahre alt. Er war vom Philosophen Seneca unterrichtet worden und zeigte sich anfangs als guter und milder Herrscher. Doch später galt er als grausam und größenwahnsinnig. Er wurde verdächtigt, den großen Brand Roms im Jahr 64 n. Chr. in Auftrag gegeben zu haben, um die zerstörte Stadt neu wiederaufbauen zu können. In diesem Zusammenhang wurden auch die ersten Christen verfolgt, weil Nero ihnen die Schuld am Brand zuschob. Neros Herrschaft endete mit seinem Tod 68 n. Chr.

b ㊸ Konstantin – ㊹ 312 – ㊺ Milvischen Brücke – ㊻ Christentum – ㊼ Mithras

---

㉞ ab urbe condita ③ Achill ㉓ Ädile ⑱ Aeneis ④ Agamemnon ⑪ Anchises ㊵ Ara Pacis ㊲ Caesar ㉜ Cannae ㊻ Christentum ㉛ Hamilkar Barkas ㉚ Hannibal ① Homer ② Ilias ⑦ Ithaka ⑫ Julus ⑩ Kirke ㊸ Konstantin ⑨ Kyklopen ⑮ Latinus ⑭ Latium ㊺ Milvischen Brücke ㊼ Mithras ㊱ Octavian ⑳ Patrizier ⑧ Penelope ㉑ Plebejer ㉒ Prätoren ㊳ princeps ㉗ Pyrrhus ㉔ Quästoren ⑤ Schliemann ㉙ Sizilien ⑲ Tarquinius ⑯ Turnus ㊷ Varus ⑬ Venus ⑰ Vergil ㉖ Veto ㉕ Volkstribunen ㉝ Zama ㊶ 9 ⑥ 19 ㊴ 27 ㉘ 264 ㊹ 312 ㉟ 654

Lektion 33

1 a
praeclarum	das herrlichste Lied
acris	der heftigste Kampf
magna	der größte Teil
fortes	die kräftigsten Wettkämpfer
bonus	der beste Redner

b 1. clare. Wer denkt klarer als Platon?
2. bene: Ich singe besser als du.
3. fortiter: Niemand kämpft tapferer als Milo.

2 1. fortissime pugnantes: Die Wettkämpfer erringen, weil sie am tüchtigsten/sehr tüchtig kämpfen, den Sieg.
2. celerius currentibus: Den Bürgern, die schneller liefen, wurde außerhalb der Stadt Hilfe geboten.
3. maiore vi pugnanten: Wer glaubt, dass er, wenn er mit größerer Kraft kämpft, Herkules besiegen kann?

3 1. **z**elebriert (celebrare) 2. **e**ffektiv (efficere) 3. **I**ntellekt (intellegere) 4. **T**ribut (tribuere) 5. ZE**IT**t

4 a regelmäßige Steigerung: robustissimi: robustus, -a, -um – fortissime: fortiter (fortis, -e) – crudelissime: crudeliter (crudelis, - e) – celerrimo: celer, celeris, celere – acerrimo: acer, acris, acre – robustiores: robustus, -a, - um
unregelmäßige Steigerung: maximos: magnus, -a, -um – plurimis: multus, -a, -um – summis: – – maiores: magnus, -a, -um – optime: bene (bonus, -a, -um)
b certare (streiten, kämpfen) – pugnare (kämpfen) – vincere ([be]siegen) – contendere (sich anstrengen, kämpfen)

c

Olympia	Kolosseum
höchster Kraft-einsatz	Aufsichnehmen höchster Mühen und Leiden
Kampf um den Sieg	Kampf auf Leben und Tod
Auseinandersetzung mit anderen Kämpfern	Kampf mit anderen Gladiatoren, schließlich mit wilden Tieren, meist mit Todesfolge
(Ehrung bei Sieg)	Ehrung bei tapferstem Kampf und Sieg

Übersetzung:
Auch im Kolosseum streiten sehr starke Männer um den Sieg. Dort nehmen die Gladiatoren größte Anstrengungen auf sich. Sie wollen nämlich nicht, wenn sie äußerst tapfer gegeneinander kämpfen, besiegt und auf ganz grausame Weise getötet werden. Doch oft wird der eine vom anderen durch einen sehr schnellen Angriff überrascht (und besiegt), wenn er die Gefahr zu spät erkennt. Darauf stürzen sich wilde Tiere mit heftigstem Ungestüm in die Arena und versuchen, die Gladiatoren zu zerfleischen. Da ist den meisten das Schicksal nicht mehr gewogen, auch wenn sie sich mit stärksten Kräften zur Wehr setzen (anstrengen). Die wilden Tiere sind nämlich größer und kräftiger als die Menschen. Doch oft werden Gladiatoren, die bestens kämpfen und siegen, mit Auszeichnungen geehrt (geschmückt, ausgestattet).

5 776 v. Chr. – Herakles – Männer – Zeus – Phidias – (Olympischen) Eid – (Olympische) Feuer – Krieg – 1896 – Kranz vom heiligen Ölbaum

Lektion 34

1 a Die Menschen werden verändert. –
Die Menschen verändern sich.
Die Bürger werden erschreckt. –
Die Bürger erschrecken (sich).
Der Anführer wird „der Große" genannt. –
Der Anführer heißt/nennt sich „der Große".

★ **b** Deponensformen: conati estis – potiemini – patimini
ihr seid besungen worden – ihr seid gezwungen worden – ihr habt versucht
ihr werdet euch bemächtigen – ihr erleidet – ihr werdet getragen

★ **c** temptavistis → conati estis – laboratis → patimini – capietis → potiemini

2 ★ a 1. urbe potitus: Nach der Eroberung der Stadt/Nachdem er … erobert hatte, hat Hannibal sein Heer wieder in das Lager geführt.
2. multa locutus: Nach vielen Worten/Nachdem er viel gesagt hatte, entließ er die Gesandten.
3. milites hortatus: Nach Ermahnung der Soldaten/Nachdem er die Soldaten ermahnt hatte, sehr tapfer zu kämpfen, stürzte er sich in die Schlacht.
4. multas res conatae: Trotz vieler Versuche/Obwohl sie viel versucht hatten, besiegten die feindlichen Truppen die Römer nicht.
b Gerundia: 1. loquendi: Gen. 2. potiendi: Gen.; Objekt: urbe 3. hortando: Abl.; Adverb: acriter
4. experiendo: Abl.; Objekt: multa
1. Wer besaß die größte Redekunst (Kunst zu reden)?
2. Die Römer suchten nach einer Gelegenheit zur Eroberung der Stadt (, die Stadt zu erobern).
3. Der Anführer feuerte durch scharfe Aufforderung die Soldaten zum Kämpfen an.
4. Durch viel Erproben (Indem er viel erprobte,) hat Archimedes Neues (neue Dinge) erfunden.

★ **3** admirari (bewundern) – colloqui (sich unterhalten) – gloria (Ruhm) – pati, patior, passus sum (erleiden) – contemplari (betrachten) – experiri (erfahren; versuchen)

★ **4 a** experiendo (< experiri): Abl./Dat. des Gerundiums – passus est (< pati): 3. P. Sg. Perf. – experiretur (< experiri): 3. P. Sg. Konj. Impf. – conatus est (< conari): 3. P. Sg. Perf. – loquendo (< loqui): Abl./Dat. des Gerundiums
b experiendo: experiri – loquendo: loqui
c Er hat das Problem, das spezifische Gewicht eines Stoffes festzustellen, gelöst.
Übersetzung:
Nackt auf der Straße
Archimedes hat immer, um durch Erprobung schwierige Probleme (Dinge) zu lösen, viele Mühen ertragen. Als er einmal lange bei einem Problem vergeblich Versuche anstellte, versuchte er, seinen Geist zu entspannen. Deshalb ging er in eine Badeanstalt, um sich auszuruhen; dort legte er seine Kleider ab und stieg dann in das Wasser der Wanne. Doch da sah er eben, dass das Wasser in der Wanne wegen seines Köpers überfloss, als er sich plötzlich schnell erhob und aus der Badeanstalt floh. Nackt ist er, so ist überliefert, auf der Straße herumgelaufen, wobei er mit lauter Stimme schrie (sagte): „Ich hab's gefunden! Ich hab's gefunden!"

5 1. **T**heoretiker 2. **Sch**raube 3. **W**asser 4. Hebe**l**gesetz
5. **Ge**wicht 6. **S**yrakus
Lösung: THALES

Lektion 35

1 a Redekunst: dicere – durch Menschenliebe: amare – Möglichkeit zum Geldverdienen: merere – Todesfurcht/Sterbensangst: mori
b 1. spes liberorum protegendorum 2. in praemiis tribuendis 3. ad bellum gerendum 4. vino diu bibendo 5. pace facienda

★ **2** 1. **P**otire! 2. **i**rascor 3. Seq**a**tur! 4. ut**u**ntur 5. pr**o**ficisci 6. c**o**naris
Lösung: ORATIO (Rede)

3 ★ a 1. <gladiatores …> profectos: PC; admirati esse: Inf. Perf. im NcI 2. <bestiis …> sequentibus: Abl. abs. 3. summa vi utenda: Gerundivum-V; potirentur: Prädikat im konj. Gliedsatz 4. ad spectaculum contemplandum: Gerundivum-V; <philosophus …> profectus: PC
b Gerundivum-V-Konstruktionen: 1. ad vitam amittendam 2. arenae relinquendae causa 3. summa vi utenda 4. ad spectaculum contemplandum
Übersetzung:
Gladiatorenspektakel
1. Die Gladiatoren sollen, als sie, um ihr Leben zu verlieren, in die Arena gezogen sind, fast alle bewundert haben.
2. Oft aber, so wird berichtet, hat ein Mann, um die Arena zu verlassen, die Flucht ergriffen, wobei ihm die Tiere ganz wild nachjagten (ihn … verfolgten).
3. Den Gladiatoren ist es trotz Einsatz von höchster Kraft niemals gelungen, dass sie über die wilden Tiere Herr wurden.
4. Als der Philosoph Seneca, um ein solches Schauspiel anzuschauen, in das Kolosseum gegangen war, hat er darüber, wie es scheint, ein schlechtes Urteil abgegeben.

4 defensio: Verteidigungsrede – iudex: Richter – innocens: unschuldig – supplex: bittend, flehend – damnare: verurteilen – reus: Angeklagter – poena: Strafe – sententia: Urteil – iustus: gerecht – carcer: Kerker – carnifex: Henker – innocens: unschuldig – nocens: schuldig

5 richtig: 1. = **N**, 2. = **O**, 3. = **T**, 6. = **A**, 8. = **L**, 9. = **P**
Lösung: PLATON

Lektion 36

1 a Es ist zu feiern. → Man muss feiern. – Es war nicht zuzulassen. → Man durfte nicht zulassen. – Es wird zu bezahlen sein. → Man wird bezahlen müssen. – Frieden ist zu machen. → Frieden muss gemacht werden/Man muss Frieden machen. – Die Tugenden waren zu zeigen. → Die Tugenden mussten gezeigt werden/Man musste die Tugenden zeigen. – Es ist zu lernen gewesen. → Man hat lernen müssen. – Das Greisenalter wird zu ertragen sein. → Man wird das Greisenalter ertragen müssen. – Gewalt ist nicht anzuwenden. → Gewalt darf nicht angewendet werden/Man darf nicht Gewalt anwenden.

b 1. Liberi docendi sunt: Die Kinder sind zu unterrichten/Die Kinder müssen unterrichtet werden.
2. Scientia discenda erit: Wissen wird gelernt werden müssen/Man wird Wissen lernen müssen.
3. Pecunia praeferenda non est: Geld darf nicht vorzogen werden/Man darf Geld nicht den Vorzug geben (vorziehen).

c 1. D-O: Man muss dem Lehrer gehorchen.
2. D-U: Der Sklave muss arbeiten.
3. D-U: Ich durfte den Wein nicht genießen.

2 1. Mit Gerundivum-V: Bei der Bewahrung des Friedens müssen alle Sorgfalt walten lassen.
2. Mit AcI und Gerundium: Wer glaubte, die Gelegenheit, gut zu handeln, nicht missachten zu dürfen?
3. Mit NcI: Ein Mann soll bei der Belehrung junger Menschen größte Sorgfalt angewandt haben.
4. Mit konj. Gliedsatz: Menschen müssen immer darauf aus sein, dass sie den Armen Hilfe leisten.

3 extremus → extrem: äußerst – maturus → Matura: Reifeprüfung – carus → Caritas: Liebesdienst (Hilfe aus Nächstenliebe) – frequens → Frequenz: Häufigkeit – sanus → Sanitäter (ein in Erster Hilfe Ausgebildeter)

4 AD HOMINES AMANDOS: Wir sind zur Menschenliebe geboren.
HUMANITATE PRAESTANDA: Dadurch, dass wir Menschlichkeit zeigen, unterscheiden wir uns von den Tieren.

5 a Gerundivum-V: artem rei publicae gerendae – ad rem publicam gubernandam
Gerundivum-N: administrandos non esse – despiciendi sunt – despiciendos esse – putandos esse

b Satz 1: Socrates dicit ... administrandos non esse –
Satz 3: Hos ... despiciendos esse dicit –
Satz 4: ... eos ... fraudatores putandos esse censet

c Sokrates vergleicht die Schifffahrtskunst mit der Staatskunst. Wie diejenigen, die ohne Kenntnis der Nautik ein Schiff steuern, zu verachten sind, so müssen auch die für Betrüger und für verachtenswert gehalten werden, die, obwohl sie keine Ahnung vom Staat haben, sich als geeignet zur Staatsführung halten. Ein inkompetenter Staatsführer gleicht einem inkompetenten Schiffskapitän.
Übersetzung:
Wer soll am Steuer des Staates sitzen?
Sokrates sagt, Ämter dürfen nicht die verwalten, die niemals die Kunst, einen Staat zu führen, gelernt haben. Denn jene sind sicherlich zu verachten, die ein Schiff steuern, ohne die Nautik (die Schifffahrtskunst) zu kennen. Diejenigen aber sind, wie er sagt, noch mehr zu verachten, die den Staat lenken, ohne die Staatskunst zu kennen. Denn diese, so meint er, müssten für Betrüger gehalten werden, die behaupten, sie seien zur Führung des Staates geeignet, obwohl sie Menschen sind, die zu nichts taugen.

6 Heute noch verpflichtende ethische Gebote des Hippokratischen Eides sind:

- den Arztberuf mit Gewissenhaftigkeit und Würde auszuüben;
- die Gesundheit der Patientin oder des Patienten als oberstes Gebot zu betrachten;
- die der Ärztin oder dem Arzt anvertrauten Geheimnisse auch über den Tod der Patientin oder des Patienten hinaus zu wahren;
- die Ehre und edle Würde des ärztlichen Berufsstandes aufrechtzuerhalten;
- bei der Behandlung der Patientinnen oder Patienten keinen Unterschied nach Herkunft, Religion, Geschlecht, Rasse, politischer Zugehörigkeit und sozialer Stellung zu machen;
- das eigene Leben wie auch das Ausüben der Kunst nicht in Widerspruch zu den Geboten der Menschlichkeit geraten zu lassen

Lektion 37

★ 1 a normale Verbformen: auditi estis → audire: ihr seid gehört worden – age → agere: handle! – respondistis → respondere: ihr habt geantwortet
Semideponentien: gaudebat → gaudere: er freute sich – soliti erant → solere: sie waren gewohnt gewesen – confisus est → confidere: er hat vertraut – aude → audere: wage! – revertisti → reverti: du bist zurückgekehrt

b 1. Optativ: „O ihr Götter, möchtet ihr uns doch zu Hilfe kommen!"
2. Hortativ: „Lasst uns in der Nacht aus der Stadt zu verschwinden wagen!"
3. Jussiv: „Niemand soll an der Rettung verzweifeln!"
4. Potentialis: „Wer fürchtet sich wohl vor der Raserei der Feinde nicht?"
5. Deliberativ: „Was soll durch unseren tapferen Einsatz geschehen?"
6. Prohibitiv: „Vertraut nicht der Kapitulation!"

2 ★ a 1. confisus est 2. ausus est 3. solitos esse
4. gaudebat 5. factum est

b 1. – 2. multis audientibus: Abl. abs. 3. omnes ... admirari solitos esse: AcI 4. Cicero ... profectus: PC
5. ut <Cicero> Romam reversus: PC

c 1. Cicero, ein wahrer Römer, vertraute im höchsten Maße auf die Redekunst.
2. Deshalb wagte er es, vor vielen Zuhörern gegen <seine> Feinde eine Rede zu halten.
3. Heute wissen wir, dass schon damals alle Ciceros Wissen über den Staat zu bewundern pflegten.
4. Als Cicero nach Griechenland gereist war, freute er sich dort auch über die griechischen Philosophen sehr.
5. So kam es, dass er, nach Rom zurückgekehrt, die Römer die Philosophie der Griechen lehrte.

3 Nation < natio (Volk, Volksstamm) – Illustration < illustris (glänzend, berühmt → illustrare: glänzend, berühmt machen = das glänzend Machen durch Bebilderung) – Imitation < imitari (nachahmen = die Nachahmung) – Junktion < iungere (verbinden = die Verbindung) – Region < regio (Gegend = landschaftlicher Raum, Bezirk) – Kondition < condicio (Bedingung, Lage = körperliche Verfasstheit; Bedingung)

4 a 1. ne confisi sitis → confidere 2. cogitetis → cogitare 3. credat → credere 4. dicat → dicere 5. taceamus → tacere 6. loquamur → loqui

★ b 1. ne confisi sitis: Prohibitiv 2. cogitetis: Optativ 3. credat: Potentialis 4. dicat: Jussiv 5. taceamus: Hortativ 6. loquamur: Deliberativ

★ c Sokrates war nicht völlig gegen die Naturphilosophie eingestellt; er hat sich in seiner Jugend damit sehr beschäftigt, sodass er die Theorie dieser Philosophen kannte. Doch er stellte das Nachforschen über den Menschen und die ihn und seine Gemeinschaft (Polis) bestimmenden Werte über das Wissen um die Natur. Für ihn sollte sich daraus eine Art Verantwortung für das menschliche Leben, die politische Gemeinschaft und letztlich auch für den Umgang mit der Natur ergeben.

Übersetzung:

Cicero über die „Sokratische Wende"
1. Vertraut nicht den Worten jener Philosophen!
2. Denkt doch bitte mit mir über die Tugenden (Werte) der Menschen nach!
3. Wer glaubt wohl, dass die Erde nur aus Materie geschaffen ist (besteht)?
4. Niemand soll behaupten, dass die Gestirne am Himmel bedeutender sind als die Schicksale der Menschen!
5. Lasst uns über die Natur der Dinge schweigen!
6. Sollen wir lieber über den Menschen sprechen oder über das Feuer, das Wasser, die Luft und die Erde?

5 Auswendiglernen   MEMORIA (→ Kopf)
Stoffsammlung   INVENTIO (→ Kopf)
Ausarbeitung, sprachliche
Formulierung   ELOCUTIO (→ Kopf)
Vortrag
(Körpersprache/Auftreten)   ACTIO (→ Hand)
Gliederung   DISPOSITIO (→ Kopf)
Vortrag   PRONUNTIATIO (→ Mund)

Lektion 38

1 a ★aliqui homines: irgendwelche Leute – ★aliquid novi: etwas Neues – ★aliqua puella: irgendein Mädchen – semper idem: immer dasselbe – eadem ratione: auf dieselbe Art und Weise – eisdem legibus: durch dieselben Gesetze
★ **b** Omnes alicuius rei servi sunt. –
Alle sind Diener irgendeiner Sache.
Omnes alicui homini favent. –
Alle sind irgendeinem Menschen gewogen.
Omnes aliquas opiniones falsas habent. –
Alle haben irgendwelche falschen Vorstellungen.
Omnes aliquem gradum gloriae consequuntur. –
Alle erreichen irgendeine Stufe des Ruhms.
Omnes aliquod magnum factum cognoverunt. –
Alle haben von irgendeiner großen Tat erfahren.
Omnes aliquibus condicionibus perturbantur. –
Alle werden durch irgendwelche Bedingungen in Aufregung versetzt.

2 1. Warum kannst du nicht alle Tage dasselbe Brot essen? *(Dasselbe Brot ist bereits verdaut.)*
2. Dasselbe ist es, glücklich zu leben und naturgemäß <zu leben>. *(Das Leben nach der Natur bedeutet eben das Glück – nach der Lehre der Stoa.)*
3. Führen die Menschen unter derselben Bedingung ihr Leben? *(Ja, im Hinblick auf den Tod!)*
4. Ein wahrer Freund ist gleichsam ein zweites Ich (dasselbe). *(Denn er denkt und handelt auf dieselbe Art und Weise.)*
5. Xenophanes war ein bedeutender Dichter und ebenso Philosoph. *(weil er als derselbe auch ein bedeutender Philosoph war)*
6. Dieselbe Tugend ist im Menschen wie in Gott. *(Tugend als höchster Wert ist ebenso im Menschen angelegt wie in der Gottheit, etwa sittliche Reinheit.)*

3 clarus – nobilis (berühmt); domi – in villa (zu Hause); consequi – accipere (erhalten); opinio – sententia (Meinung); contemnere – despicere (verachten); sermo – oratio (Rede); pastor – custos (Wächter). Es funktioniert nicht bei *spirare* (atmen) – *sperare* (hoffen).

4 ★ a 1 aliquos (philosophos): Akk. Pl. m von *aliqui, -qua, -quod* – 4 aliqui: Nom. Pl. m von *aliqui, -qua, -quod* – 6 (de) -quibus (rebus): Abl. Pl. f von *aliqui, -qua, -quod*
b 1/2 humanitatis consequendae causa: Gerundivum-V – 3/4 de vita bene agenda/de natura contemplanda/ de fato fortiter toleranda/de morte contemnenda: Gerundiva-V – 4 loquentes: PC; se ... admirari: AcI – 5/6 illos ... habere: AcI – 7 Romanos ... parere: AcI
c Die griechischen Philosophen sollten den Römern, vor allem deren Jugend, griechische Bildung vermitteln hinsichtlich einer guten Lebensführung, der Betrachtung der Natur, des tapferen Ertragens des Schicksals, der Verachtung des Todes. Dabei ging es also um die persönliche und gesellschaftliche Gestaltung des Lebens, auch um Naturforschung sowie um eher höhere (metaphysische) Fragen um Schicksal, Leben und Tod.
d Grund für die Ablehnung dieser Philosophen: Es geht dabei um nicht notwendige Dinge. Die Römer sollten vielmehr immer der Tradition der Väter, den „Sitten der Vorfahren" folgen.

Übersetzung:

Griechische Philosophen in Rom
Einmal hatten die Römer irgendwelche berühmte Philosophen aus Griechenland nach Rom kommen lassen, um Bildung zu erlangen. Diese haben dort mit den jungen Römern über dieselben Dinge gesprochen wie zu Hause mit den Griechen (der griechischen Jugend), wie z. B. über eine gute Lebensführung, über die Betrachtung der Natur, über das tapfere Ertragen des Schicksals, über die Verachtung des Todes. Gerne haben die Römer die Griechen reden gehört. Irgendwelche behaupteten, sie würden diese auch bewundern. Doch ein einziger Römer (römischer Mann), Cato der Ältere, widersetzte sich den Philosophen, weil er glaubte, jene würden über irgendwelche unnötigen Dinge mit den jungen Leuten sprechen (das Gespräch führen). Mit lauter Stimme also sagte er: „Für Römer gehört es sich, sich immer an dieselben Sitten der Vorfahren zu halten (denselben ... zu gehorchen). Jene Philosophen aber dürfen nicht länger in der Stadt bleiben. Sofort müssen sie nach Griechenland zurückkehren."

5 ★ ALIQUID – IDEM – IDEM
★ Immer bleibt etwas hängen. – Nichts Neues unter der Sonne, sondern immer dasselbe. – Man kann (Du kannst) nicht zweimal in denselben Fluss steigen.

Lektion 39

1 ★ a cuiusdam damni: eines bestimmten (gewissen) Schadens – quodam anno: in einem bestimmten (gewissen) Jahr – quandam reginam: eine bestimmte (gewisse) Königin – quaedam culpa: eine gewisse Schuld – quibusdam fabulis: durch bestimmte (gewisse) Erzählungen – quidam senes: gewisse Greise
b is/ea/id: ea: Nom./Abl. Sg. f; Nom./Akk. Pl. n – eos: Akk. Pl. m
ipse/ipsa/ipsum: ipso: Abl. Sg. m/n – ipsarum: Gen. Pl. f
ille/illa/illud: illis: Dat./Abl. Pl. m/f/n – illius: Gen. Sg. m/f/n
★quidam/quaedam/quoddam: quaedam: Nom. Sg./Pl. f; Nom./Akk. Pl. n – cuidam: Dat. Sg. m/f/n
★aliqui/aliqua/aliquod: alicuius: Gen. Sg. m/f/n – aliquorum: Gen. Pl. m/n

2 1. ipsam/ipsum: Erweise dich selbst immer tapfer!
2. ipsae/ipsi: Die Bürgerinnen/Bürger selbst verlangen von den Richtern Hilfe.
3. ipse/ipsum: Der Dichter hat sich selbst getötet.
4. ipsa/ipse: Der Angeklagte ist durch die Sache selbst (gerade durch die Sache) sehr in Verwirrung geraten/ Der Angeklagte ist selbst (persönlich) durch die Sache sehr in Verwirrung geraten.

3 a ipse: 4 ipsius: Gen. Sg. m – ipse: Nom. Sg. m –
5 ipsorum: Gen. Pl. m
★ quidam: 1 quidam: Nom. Sg. m – 6 cuidam: Dat. Sg. m
b Er befindet sich nach einem Schiffbruch im Meer und
klammert sich an eine Planke.
c Es steht zur Debatte, ob ein gerechter Mensch bei
einem Schiffbruch einem physisch Schwächeren, der im
Meer eine Planke zu fassen bekam, diese Planke ent-
reißt, und damit sein eigenes Leben rettet, da er ja,
wenn er es nicht tut, zugrunde gehen wird. Sein
Handeln ist dann nicht gerecht, aber „weise/klug". Alle
halten ja die, die ihr Leben zugunsten anderer nicht
schonen, für „dumm". Nur einem (bestimmten) echten
Römer hat ein solches Urteil nicht gefallen.
Hier ist der Gegensatz zwischen altruistisch = gerecht
und egoistisch = klug auf die Spitze getrieben. Eine
solche Debatte kann nur in der Philosophie der Stoa
stattgefunden haben.
Dass Menschen tatsächlich in eine solche Lage
kommen können, beweist die Geschichte. So hat sich
etwa der polnische Franziskanermönch Maximilian
Kolbe in Auschwitz 1941 für einen Familienvater
hinrichten lassen. Die persönliche Stellungnahme wird
in dieser Frage niemals einhellig sein können.
Übersetzung:
Was ist Gerechtigkeit?
Ein (gewisser) Philosoph hat in Rom vor jugendlichen
Zuhörern Folgendes erklärt: „Sicher ist es Gerechtigkeit,
irgendeinen Menschen nicht zu töten. Was also wird ein
gerechter Mensch dann machen, wenn ein an Kräften
Schwächerer, nachdem sein Schiff zerborsten ist, eine
Planke zu fassen bekommen hat? Wird diese Planke ihn
dazu veranlassen, dass er sein eigenes Leben damit
rettet? Wenn er klug ist, wird er es tun. Er selbst wird
nämlich zugrunde gehen, wenn er es nicht tun wird (getan
haben wird). Alle nämlich, die ihr eigenes Leben nicht
schonen, während sie das Leben eines anderen schonen,
sind zwar, wie ich meine, gerecht, aber dumm." Dieses
Urteil hat jedoch einem (bestimmten) echten Römer nicht
gefallen.

4 1. officium 2. communis 3. senex 4. committere
5. efficere 6. praeterire 7. ipse 8. memoria
Lösung: IUSTITIA (Gerechtigkeit)

5 a) Zwölftafelgesetz b) Corpus Iuris

Lektion 40

1 1. locutus esse dicitur: NcI 2. dux bene vivendi:
Gerundium 3. civitatem defendens: PC 4. legibus
neglectis: Abl. abs. 5. fortunam non favere: AcI
6. ad pecuniam augendam: Gerundivum-V
7. Pacta sunt servanda.: Gerundivum-N
1. Sokrates soll lange über den Tod gesprochen haben.
2. Die Natur ist die beste Führerin zu einem guten Leben.
3. Cicero ist, als er den Staat verteidigte, ermordet
worden.
4. Wenn die Gesetze missachtet werden, geht der Staat
zugrunde.
5. Sehr viele Menschen glauben, dass ihnen das Schicksal
nicht gewogen sei.
6. Viele leben nur, um <ihr> Geld zu vermehren.
7. Verträge sind einzuhalten.

2 a 1. urbe deleta: Abl. abs. 2. deis non faventibus: Abl.
abs. 3. nobis ... oppressis: PC 4. miseris servandis:
Gerundivum-V 5. occasionem ex urbe fugiendi:
Gerundium 6. nos omnes perire: AcI 7. nobis ... hodie
moriendum esse: AcI und Gerundivum-N
Es fehlt NcI.
★ **b** 1. Fugiamus!: Hortativ 2. Quo vertamus?: Deliberativ
3. Fortuna adsit!: Jussiv 4. Ne desieritis operam dare!:

Prohibitiv 5. Des nobis!: Optativ 6. Quis nesciat?:
Potentialis 7. Ne putes!: Optativ

★ **c** 1. Lasst uns zum Meer fliehen, da die Stadt durch Feuer
zerstört (worden) ist!
2. Wohin sollen wir uns wenden, da uns doch die Götter
nicht gewogen sind?
3. Das Schicksal soll uns beistehen, da wir von einer
Katastrophe getroffen worden sind!
4. Hört nicht auf damit, euch um die Rettung der
elenden Leute zu bemühen!
5. O Venus, mögest du uns doch die Gelegenheit geben,
aus der Stadt zu fliehen!
6. Wer wüsste wohl nicht, dass wir alle umkommen?
7. Glaube bitte nicht, dass wir alle heute sterben
müssen!

3 1. Campus < campus (freies Gelände, Feld): das Gelände
einer Universität, zu dem auch eine freie Aufenthalts-
zone gehört; hier wird auch gewöhnlich gefeiert.
2. Kontra < contra (dagegen): Ich habe dem Chef wider-
sprochen, ihm eine Gegenmeinung gesagt.
3. quasi < quasi (gleichsam): Er ist gewissermaßen, so
etwas wie der geistige Vater.
4. vulgo < vulgus (das Volk): in der gewöhnlichen, im Volk
gebrauchten Ausdrucksweise

4 a Plinium in animo habuisse: AcI – Aetna ... erumpente:
Abl. abs. – omnibus locis ... deletis: Abl. abs. – eius
spectaculi ... cognoscendi causa: Gerundivum-V –
<Plinius> decessisse et fugisse dicitur: NcI – neminem
... potuisse traditum est: AcI – ceteris cum eo
fugientibus: PC – Romani ... maesti fuisse videntur: NcI
– unum ... scripsisse scimus: AcI
b Der gebildete und vom Forschungsdrang erfüllte Plinius
hatte im Sinn, bei Ausbruch des Ätna und der fast
völligen Zerstörung aller Gebiete durch Feuer den Not-
leidenden zu helfen. Er hat dann auch, um dieses Drama
näher kennenzulernen, das Haus verlassen, so wird
berichtet. Doch im immer dichter werdenden Rauch hat
keiner mehr atmen können. Plinius und alle seine
Begleiter mussten sofort sterben. Die späteren Römer
kamen über diese Katastrophe lange nicht hinweg.
c Diese Katastrophe, die eine ganze Gegend mit
berühmten Erholungsstätten vernichtete, war für die
Römer ein „schwarzer Tag", da sie sich mit jenem
furchtbaren Ereignis vergleichen ließ, als die Gallier
387 v. Chr. an der Allia die Römer vernichtend
geschlagen haben und dann in Rom eingefallen sind.
Diese Katastrophe wurde erstmals als „dies ater"
bezeichnet. Beide Ereignisse hielten die Römer für
gleich schlimm.
Übersetzung:
Ein zweiter *dies ater*
Ein (bestimmter) römischer Geschichtsschreiber hat
überliefert, dass Plinius, ein mit Bildung und mit dem
Drang nach Naturforschung ausgestatteter Mann, als der
(Berg) Ätna ausbrach und fast alle Plätze durch die
Feuermassen vernichtet waren, die Absicht gehabt hat,
allen anderen Hilfe zu leisten. Deshalb ist er auch, wie
man sich erzählt, um dieses Drama (Schauspiel) aus
größerer Nähe kennenzulernen, aus dem Haus gegangen
und zum Meer hin geflohen. Doch in der immer dichter
werdenden <Rauch>wolke hat niemand mehr, so ist
überliefert, Atem holen können. Da mussten auch Plinius,
jener überaus tapfere Mann, und alle anderen, die mit ihm
flohen, sofort ihr Leben lassen (sterben). Später aber
scheinen die Römer noch lange über jene schreckliche
Katastrophe traurig gewesen zu sein. Einer nämlich von
ihnen hat, wie wir wissen, geschrieben: „Wie wahr ist doch
jenes <Wort>: ‚Diese Katastrophe war für die Römer
gewiss wieder ein schwarzer Tag.'"

Lektion 33

VOK a. intellegere, intellego, intellexi, intellectum – verstehen; erkennen, einsehen; lex, legis f – Gesetz; imprimis – besonders

b. 1 Der Sieger wird mit sehr bekannten Liedern gefeiert.

2 Uns werden sehr große Wohltaten erwiesen.

GR a.
clarus, -a, -um	clarior, clarior, clarius	clarissimus, -a, -um
bonus, -a, -um	melior, melior, melius	optimus, -a, -um
acriter	acrius	accerrime

b. 1. Haec arbor altior est quam <u>domus</u>. – Dieser Baum ist höher als ein/das Haus.

2. Canes celerius currunt <u>hominibus</u>. – Hunde laufen schneller als Menschen.

3. Nemo hoc carmen pulchrius <u>te</u> recitavit. – Niemand hat dieses Gedicht schöner vorgelesen als du.

T 1. Helena, die Frau von Menelaus, wurde von allen bewundert, weil sie eine sehr schöne/die schönste Frau war. 2. Als Paris nach Sparta gekommen war, verliebte sich Helena in den jungen Mann, der hübscher als Menelaus war. 3. Deshalb rief Menelaus so schnell wie möglich die Anführer der Griechen herbei, um Troia, eine sehr große Stadt, anzugreifen. 4. Zehn Jahre lang ist von den tapfersten Männern sehr heftig/aufs Heftigste gekämpft worden. 5. Sehr gute/Die besten Männer sind in diesem hochberühmten Krieg getötet worden.

K 1 Griechenlands – 2 Zeus – 3 776 – 4 Wettlauf (über 200 m)

Lektion 34

VOK a. amittere, amitto, amisi, amissum – verlieren; maiores, maiorum m – die Vorfahren; frustra – vergeblich

b. 1 Schließlich machten/starteten die Soldaten den dritten Angriff.

2 Beschütze uns vor verschiedenen Übeln!

GR a. Dem Gerundium entspricht im Deutschen der substantivierte/nominalisierte Infinitiv, z. B. *legendo* – durch das Lesen.

b. Gen.: narrandi / agendi / eundi

Akk.: ad narrandum / agendum / eundum

Abl.: narando / agendo / eundo

T 1. Cicero war in der Kunst des Redens hochberühmt. 2. Auch beim Herrschen hat er sich als hervorragender Konsul erwiesen und hat durch tapferes Handeln/dadurch, dass er tapfer handelte, den Staat vor dem Untergang bewahrt. 3. Als Cicero die Senatoren zur Beratung in den Senat gerufen hatte, hat er die Verschwörung des Catilina aufgedeckt und durch Warnen und Fordern/, indem er warnte und forderte, erreicht, dass dieser den Plan wegzugehen fasste. 5. Durch das Verlassen von Rom/Dadurch, dass er Rom verließ, hat Catilina alle von Furcht befreit.

K Fehler und Verbesserungen sind: Korsika → Sizilien – 1. Jh. → 3. Jh. – Dichter → Physiker/Mathematiker – „hurra!" → „heureka!"

Lektion 35

VOK a. existimare, existimo, existimavi, existimatum – meinen; schätzen; facultas, facultatis f – Möglichkeit; ergo – also

b. 1 Ein weiser Mensch bittet nicht, dass ihm bedeutende Belohnungen gegeben werden.

2 Der Lehrer beobachtet dich.

GR in libro legendo – beim Lesen des/eines Buches

ad patrem quaerendum – um den Vater zu fragen/suchen

oppidi capiendi causa – wegen der Eroberung der Stadt

T 1. Der Philosoph Seneca überlegte beim Schreiben eines Briefes immer, was er dem Freund zur Führung eines glücklichen Lebens raten könnte. 2. Oft sprach er, indem er Beispiele darlegte, über die richtige Lebensführung und lehrte, dass die Menschen durch das Ablegen der Furcht vor dem Tod/dadurch, dass sie die Furcht vor dem Tod ablegen, Schmerzen vermeiden. 3. Er wollte (davon) überzeugen, dass die Menschen wegen der Ruhe der Seele bereit sein müssen, einen Schicksalsschlag zu ertragen.

K Richtige Aussagen sind: 2, 4, 5, 8.

Lektion 36

VOK a. adhibere, adhibeo, adhibui, adhibitum – anwenden; hinzuziehen; scientia, scientiae f – Wissen, Kenntnis; vero – aber

b. 1 (Die) Ärzte machen gesunden Menschen keine Vorschriften.

2 Ich werde den Lohn von mir aus bezahlen.

GR a. Leges observandae sunt. – Die Gesetze müssen beachtet werden.

Diu acriter pugnandum erat. – Es musste lange heftig gekämpft werden.

Verba magistri liberis audienda sunt. – Die Kinder müssen den Worten des Lehrers zuhören.

Iniuriae perferendae non sunt. – Ungerechtigkeiten dürfen nicht ertragen/hingenommen werden.

b. Der Dativ des Urhebers (Dativus auctoris) zeigt die Person an, die etwas tun muss bzw. nicht tun darf.

T 1. Bei der Verteidigung einer Stadt müssen viele Dinge getan werden/Maßnahmen getroffen werden: 2. Die Konsuln müssen die Senatoren zur Senatsversammlung rufen, es muss schnell ein Beschluss gefasst werden. 3. Die Vorfahren/Älteren müssen über die Kunst der Verteidigung befragt werden, weil jene früher schon die Stadt vor dem Untergang retten mussten. 4. Die Soldaten müssen bereit zum Kämpfen sein, weil heftig gekämpft werden muss/heftig zu kämpfen sein wird. 5. Die Bürger dürfen die Häuser nicht verlassen. 6. Alle wissen, dass die Feinde von der Stadt abgehalten werden müssen, damit sie nicht nach der Eroberung der Stadt getötet werden.

K 1 Hippokratischer Eid – 2 Galen(os) – 3 Äskulap – 4 Tiberinsel

★ Lektion 37

VOK a. fieri, fio, factus sum – geschehen; werden; gemacht werden; condicio, condicionis f – Bedingung; Lage; plenus – voll

b. 1 Wir wollen berühmte Taten nachahmen.

2 Die Nachbarn mussten eine schändliche Belagerung ertragen.

GR **a.** audere, audeo, ausus sum
confidere, confido, confisus sum
reverti, revertor, reverti, reversus

    b. 1. Wunsch (Optativ) – Der Beste möge gewinnen! 2. Aufforderung (Hortativ) – Lasst uns nach Hause gehen! 3. Möglichkeit (Potentialis) – Einige könnten das glauben. 4. verneinter Befehl/Verbot (Prohibitiv) – Lass mich nicht im Stich!

T   1. Die Anführer der Gallier kommen zusammen, um sich zu beraten. 2. Einer von ihnen sagt: „Lasst uns nun den Beschluss fassen, Krieg zu führen! 3. Wir können wohl Caesar und die römischen Soldaten aus unserem Gebiet vertreiben. 4. Alle sollen die Heimat verteidigen, jeder Einzelne soll kämpfen, keiner soll weggehen! 5. Caesar ist nicht da, bald wird er zurückkehren. Während seiner Abwesenheit dürften die/seine Soldaten wohl nicht wagen zu kämpfen. 6. Was soll ich sagen? Ist denn nicht die Zeit zu kämpfen da? 7. Zögert nicht! Lasst uns die Heimat befreien! Die Götter mögen uns beistehen/helfen!"

K   1 ars dicendi – 2 dispositio – 3 memoria – 4 actio

Lektion 38

VOK **a.** confirmare, confirmo, confirmavi, confirmatum – bekräftigen; ermutigen; pastor, pastoris m – Hirte; nobilis – berühmt; adlig

    b. 1 Weder für Höherstehende noch für Geringere gehört es sich, anderen (als Sklave) zu dienen.
2 Also werde ich zu Hause bleiben.

GR eadem dea – dieselbe Göttin, eisdem regionibus – in denselben Gegenden, eandem mercedem – denselben Lohn, idem carmen – dasselbe Lied, eaedem/easdem facultates – dieselben Gelegenheiten, eadem condicione – unter derselben Bedingung, eadem crimina – dieselben Verbrechen, eidem/eodem populo – demselben Volk, eorundem/earundem civium – derselben Bürger/innen

T   1. Seneca mahnt in einem Brief (dazu), dass man mit Sklaven gut umgehen müsse/Sklaven gut behandeln müsse. 2. Er sagt, es sei kein großer Unterschied zwischen Sklaven und Herren. 3. Sie leben in derselben Heimat, sie sehen denselben Himmel, sie verehren dieselben Götter. 4. Weil sie ja Menschen sind, wünschen sie dasselbe – ein glückliches Leben. 5. Dieselben Menschen, die heute Herren sind, denen ein schönes Haus und viel Geld gehört, werden morgen, wenn das Schicksal sich ändert, Sklaven sein. 6. Sobald wir aus dem Leben geschieden sein werden/geschieden sind, wird derselbe Tod uns erwarten.

K   Richtige Aussagen sind: 1, 2, 3, 6.

Lektion 39

VOK **a.** excipere, excipio, excepi, exceptum – aufnehmen; officium, officii n – Dienst; Pflicht; magis – mehr

    b. 1 Mehrere reiche alte Männer haben Verbrechen begangen.
2 Der Schaden ist durch deine Schuld entstanden.

GR mater ipsa – die Mutter selbst/persönlich, senex ipse – der alte Mann selbst, consulibus ipsis – den Konsuln persönlich, exercituum ipsorum – der Heere selbst, militis ipsius – des Soldaten selbst, mulierem ipsam – die Frau selbst, illo ipso die – an genau diesem Tag, te ipsum – dich persönlich, mihi ipsi – mir persönlich

T   1. Die Römer verehrten nicht nur die Götter, denen schon die Griechen geopfert hatten, sondern auch der Friede, das Wohl des Volkes und die Gerechtigkeit wurden wie Göttinnen verehrt. 2. Augustus persönlich hat einen Tempel der Iustitia bauen lassen. 3. Im selben Jahr hat der Senat beschlossen, dass der Altar für den Frieden des Augustus (die Ara Pacis) errichtet wird/den Altar … zu errichten. 4. Die Göttin Iustitia selbst sieht nichts, denn sie soll nur den Fall selbst beurteilen, nicht den Angeklagten. 5. Genau diese Sitte kennen wir (auch) heute noch.

K   1 Zwölftafelgesetz – 2 Corpus Iuris – 3 das Zeichen für Paragraph: § – 4 Zum Beispiel eine der folgenden: In dubio pro reo./Volenti non fit iniuria./Nulla poena sine lege./Ne bis in idem./Cui bono?/Audiatur et altera pars!/ Pacta sunt servanda.

Lektion 40

VOK **a.** consumere, consumo, consumpsi, consumptum – verbrauchen; species, speciei f – Aussehen; Schein; rursus – wieder

    b. 1 Die weiten Felder sind von schwarzer und dichter Asche bedeckt worden.
2 Die erschreckte Menge verließ die Häuser/Die Menge verließ erschreckt …

GR 1. (Urbe Troia deleta) nonnulli Troiani (ad litus currentes) Aeneam convenerunt. – Abl. abs./PC – Nachdem die Stadt Troia zerstört worden war, trafen einige Troianer, die zum Strand liefen/als/während sie zum Strand liefen, Aeneas. 2. Qui dixit: „Nos (a Graecis victi) salutem fugiendo petemus. – PC/Gerundium – Dieser sagte: „Da wir (ja) von den Griechen besiegt worden sind, werden wir unser Heil/unsere Rettung durch Fliehen/durch Flucht suchen. 3. Vitae servandae causa patria nobis relinquenda est." – Gerundivum-V/Gerundivum-N – Um unser Leben zu retten, müssen wir die Heimat verlassen." 4. Troiani speraverunt [se (filio deae Veneris duce) novam patriam inventuros esse]. – AcI/(nominaler) Abl. abs. – Die Troianer hofften, dass sie unter der Führung des Sohnes der Venus eine neue Heimat finden werden. 5. (Hominibus per mare navigantibus) Iuno dea iussit (naves tempestatibus deleri). – Abl. abs./AcI – Während die Menschen übers Meer segelten, befahl die Göttin Juno, dass die Schiffe durch Stürme/Unwetter zerstört werden.

T   1. Wir wissen, dass unter der Herrschaft von Titus/, als Titus Kaiser war, die Städte, die in der Nähe des Vesuvs lagen, durch Asche bedeckt worden sind. 2. Als die Asche fiel, versuchten die Menschen ihr Leben durch Weggehen/, indem sie weggingen, zu retten. 3. Die Häuser mussten sofort verlassen werden. Die Menschen hatten die Hoffnung, die Stadt schnell zu verlassen/verlassen zu können. 4. Alle hofften, während sie einen freien Ort/ einen Ort unter freiem Himmel aufsuchten, dass die Götter die Stadt vor dem Untergang bewahren werden. 5. Die Menschen, die von den Göttern gerettet worden waren, sahen, dass die Stadt durch die Flammen ganz zerstört wurde.

K   1 Neapel – 2 79 n. Chr. – 3 Vesuv – 4 Herculaneum

G 4 Markiere die Gerundivum-V-Konstruktionen und übersetze.

NATI SUMUS AD HOMINES AMANDOS.

_____

HUMANITATE PRAESTANDA A BESTIIS¹ DIFFERIMUS.

_____

G 5 **a** Nenne alle Gerundivum-Konstruktionen im Text. Unterscheide sie nach ihrer Funktion.

b Gib an, in welchen Sätzen die Gerundivum-Konstruktion jeweils in einen AcI eingebaut ist.

c Was vergleicht Sokrates miteinander? Erkläre, was der Philosoph mit diesem Vergleich zum Ausdruck bringen möchte.

Wer soll am Steuer des Staates sitzen?

1 Socrates dicit magistratus¹ eis administrandos non esse, qui numquam artem rei publicae
2 gerendae didicerunt. Nam illi certe despiciendi sunt, qui navem gubernant² ignorantes artem
3 nauticam³. Hos vero magis⁴ despiciendos esse dicit, qui rem publicam administrant ignorantes
4 artem politicam⁵. Nam eos fraudatores⁶ putandos esse censet, qui se idoneos ad rem publicam
5 gubernandam² esse contendunt, quamquam homines inutiles¹ sunt.

1) **magistrātus, -ūs** m: Beamter, Amt   2) **gubernāre**: lenken, steuern   3) **nauticus, -a, -um** (< *navis*): seemännisch, Schiffs-
4) **magis**: mehr   5) **polīticus, -a, -um**: politisch, Staats-   6) **fraudātor, -ōris** m: Betrüger

6 **Der Hippokratische Eid**
*Antike Ärzte schworen bei Apollo und Äskulap, den Göttern der
Heilkunst, den Hippokratischen Eid. Dieser verpflichtete sie,
ethische Gebote einzuhalten, zu denen u. a. gehörten:*

- den Kranken nach Möglichkeit und nach bestem Wissen und
  Gewissen eine angemessene Lebensweise vorzuschreiben;
- Schaden und unrechte Handlungsweisen von den Kranken
  fernzuhalten;
- keine Mittel zum Freitod zu verabreichen, auch keinen Rat
  dazu zu erteilen;
- Frauen keine Mittel zur Verhütung oder zur Abtreibung
  zu geben;
- sein eigenes Leben und seine Kunst mit Anstand und Würde zu führen;
- keine schwierige Operation ohne chirurgische Fähigkeit durchzuführen;
- an Kranken keine unrechten Handlungen oder sexuelle Übergriffe vorzunehmen;
- über alles, was man bei Kranken sieht oder hört, Schweigen zu bewahren.

Recherchiere im Internet das heute gültige „Genfer Ärztegelöbnis". Gib an, welche ethischen
Gebote des Hippokrates darin heute noch als verpflichtend vorgegeben sind.

_____

_____

_____

_____

★ 1 **a** Unterscheide zwischen normalen Verbformen und Semideponentien. Unterstreiche letztere. Gib dann den Infinitiv Präsens an und übersetze alle Formen.

gaudebat _____ _____ – soliti erant _____ _____

auditi estis _____ _____ – confisus est _____ _____

aude _____ _____ – age _____ _____

revertisti _____ _____ – respondistis _____ _____

b Nenne jeweils die Funktion des Konjunktivs im Hauptsatz. Übersetze.

1. „O di boni, veniatis nobis auxilio!" _____

2. „Audeamus nocte urbe excedere!" _____

3. „Nemo de salute desperet!" _____

4. „Quis non timeat furorem hostium!" _____

5. „Quid fiat nostra virtute?" _____

6. „Ne confisi sitis deditioni?" _____

G 2 ★ **a** Füge die Semideponentien passend ein. Sieben bleiben übrig.

b Nenne die satzwertigen Konstruktionen in den einzelnen Sätzen.

★ **c** Übersetze.

audere – ausus est – revertit – confidebant – solebant – gavisi sunt – confisus est – gaudebat – factum est – reversus – fiunt – solitos esse

1. Cicero vir vere Romanus suae arti dicendi maxime _____ .

_____

_____

2. Itaque saepe multis audientibus contra inimicos orationem habere _____ .

_____

_____

3. Hodie scimus iam tum omnes Ciceronis de re publica scientiam admirari _____ .

_____

_____

4. Cicero in Graeciam profectus ibi etiam de philosophis[1] Graecis valde _____ .

_____

_____

5. Quo _____ , ut Romam reversus Romanos philosophiam[1]

Graecorum doceret. _____

_____

_____

W 3 Führe die Fremdwörter auf ihre lateinischen Ursprungswörter zurück und erkläre ihre
Bedeutung.

Nation _____

_____

Illustration _____

_____

Imitation _____

_____

?

Junktion _____

_____

Region _____

_____

Kondition _____

_____

4 a Nenne zu den Konjunktivformen jeweils den Infinitiv Präsens.

★ b Benenne jeweils die Funktion des Konjunktivs im Hauptsatz.

★ c Stelle dar, wie Sokrates zur Naturphilosophie eingestellt war.

Cicero über die „Sokratische Wende"

*Cicero schätzt Sokrates vor allem, weil er das Denken der
Philosophen weg von der Natur hin zum Menschen gelenkt hat.
Er könnte ihn so haben sprechen lassen:*

1. Ne confisi sitis verbis illorum philosophorum[1]!

2. Cogitetis mecum de virtutibus hominum!

3. Quis mundum[1] ex materia[2] sola factum esse credat?

4. Nemo dicat astra[3] caeli graviora esse quam fata hominum!

5. Taceamus de natura rerum!

6. Loquamur libentius de homine an de igne, aqua, aere[4],
   terraque?

1) **mundus, -ī** m: Welt, Kosmos   2) **māteria, -ae** f: Stoff, Materie
3) **astra, -ōrum** n: Gestirne   4) **āēr, āēris** n: Luft

Infinitiv Präsens

_____

_____

_____

_____

_____

_____

5 Kennzeichne mit einer Linie, mit welchen Teilen des Körpers die
Aufgaben des Redners zu leisten sind. Nenne die Leistungen.

_____ MEMORIA

_____ INVENTIO

_____ ELOCUTIO

_____ ACTIO

_____ DISPOSITIO

_____ PRONUNTIATIO

1 a Ordne die lateinischen Wendungen und ihre Übersetzung einander zu.

★ aliqui homines   auf dieselbe Art und Weise

★ aliquid novi   durch dieselben Gesetze

★ aliqua puella   immer dasselbe

semper idem   irgendwelche Leute

eadem ratione   etwas Neues

eisdem legibus   irgendein Mädchen

★ **b** Setze die passende Form des Indefinit-Pronomens in die Lücke. Drei Formen bleiben übrig. Übersetze die Sätze.

aliqua – aliquibus – alicui – aliquos – alicuius – aliquem – aliquas – aliquod – aliquarum

```
O
M
N
E
S
```

_____ rei servi sunt.

_____ homini favent.

_____ opiniones falsas habent.

_____ gradum gloriae consequuntur.

_____ magnum factum cognoverunt.

_____ condicionibus perturbantur.

2 Übersetze die Sätze. Erkläre, was sie jeweils ausdrücken.

1. Cur non potes omnes dies eundem panem (= Brot) edere (= essen)?

_____

2. Idem est beate vivere et secundum (= gemäß) naturam.

_____

3. Hominesne eadem condicione vitam agunt?

_____

4. Verus amicus tamquam alter idem est.

_____

5. Xenophanes erat clarus poeta (= Dichter) idemque philosophus[1].

_____

6. Virtus eadem in homine est ac (= wie) in deo.

_____

W 3 Verbinde die Wörter oder Wortverbindungen, die sich in ihrer Bedeutung mehr oder weniger nahestehen. Nenne ihre Bedeutung. Aber Vorsicht! Einmal funktioniert es nicht.

clarus   accipere

domi   oratio

consequi   despicere

opinio   nobilis

spirare   custos

contemnere   in villa

sermo   sententia

pastor   sperare

G 4 ★ a Nenne die Indefinit-Pronomina im Text. Bestimme ihre Form.

b Markiere die satzwertigen Konstruktionen und benenne sie.

c Beschreibe mit eigenen Worten, warum die griechischen Philosophen in Rom waren und worüber sie gesprochen haben.

d Nenne den Grund, warum ein Römer die Philosophen aus Rom ausgewiesen hat.

Griechische Philosophen in Rom

1 Aliquando Romani aliquos philosophos[1] nobiles e Graecia Romam arcessiverant humanitatis

2 consequendae causa. Ii ibi cum iuvenibus Romanis de eisdem rebus locuti sunt ac[1] domi cum

3 Graecis, ut de vita bene agenda, de natura contemplanda, de fato fortiter tolerando, de morte

4 contemnenda. Libenter autem Romani Graecos loquentes audiverunt. Aliqui se eos etiam

5 admirari confirmaverunt. Sed unus vir Romanus, Cato Maior[2], philosophis[1] restitit[3], quod illos

6 de aliquibus rebus non necessariis sermonem cum iuvenibus habere putabat. Magna igitur

7 voce dixit: „Romanos semper eisdem moribus maiorum parere decet. Illis philosophis[1] autem

8 in urbe non diutius morandum est. Statim eis in Graeciam revertendum est."

1) **ac** *(hier)*: wie   2) **Catō Māior** Cato der Ältere *(234–149 v. Chr.)*   3) **resistere** *(Perf.* **restitī***)*: sich widersetzen

5 Markiere die Pronomina und übersetze.

★ SEMPER ALIQUID HAERET[1].

NIHIL NOVI SUB SOLE, SED SEMPER IDEM.

NON BIS IN IDEM FLUMEN DESCENDAS.

1) **haerēre**: haften, hängen bleiben

1 ★ a Stelle passende Paare zusammen, markiere sie mit derselben Farbe und übersetze sie.

cuiusdam – quodam – quandam – quaedam – quibusdam – quidam	culpa – reginam – senes – anno – fabulis – damni

_____

_____

_____

G **b** Sortiere die Formen in die richtigen Spalten ein und bestimme sie genau.

ipso	quaedam	illis	ea	alicuius
aliquorum	cuidam	eos	ipsarum	illius

is/ea/id	ipse/ipsa/ipsum	ille/illa/illud

★ quidam/quaedam/quoddam	★ aliqui/aliqua/aliquod

2 Zwei Formen in den Klammern passen jeweils. Fülle sie in die Lücke und übersetze jeweils.

1. Praebe te _____ (ipsi/ipsam/ipse/ipsum) semper fortem!

_____

2. Cives _____ (ipsae/ipsorum/ipse/ipsi) ab iudicibus auxilium petunt.

_____

3. Poeta (= Dichter) quidam se _____ (ipsius/ipsa/ipse/ipsum) necavit.

_____

4. Reus ea re _____ (ipsa/ipsarum/ipsam/ipse) valde perturbatus est.

_____

3 a Nenne und bestimme alle im Text begegnenden Formen von *ipse* und ★ *quidam*.

b Gib an, in welcher Lage sich der befindet, an dessen Handeln der Philosoph die Frage der Gerechtigkeit klärt.

c Beschreibe, welcher Gegensatz hier geschaffen wird. Nimm dazu Stellung.

Was ist Gerechtigkeit?

1 Philosophus¹ quidam Romae iuvenibus audientibus haec exposuit:
2 „Certe iustitia est hominem aliquem non interficere. Quid ergo homo iustus tum faciet, cum
3 quis¹ inferior viribus nave eius fracta tabulam² ceperit? Nonne eum tabula² pellet, ut suam
4 ipsius vitam servet? Si sapiens est, faciet. Ipse enim peribit, nisi fecerit. Omnes enim, qui suae
5 ipsorum vitae non parcunt, dum parcunt vitae alterius, iustos quidem esse censeo, sed stultos.“
6 Hoc iudicium autem viro cuidam vere Romano non placuit.

1) **quis** *(hier)*: irgendein   2) **tabula, -ae** f: Brett, Planke

W 4 Führe die Fremdwörter auf ihr lateinisches Ursprungswort zurück. Trage dieses dann – entsprechend den Ziffern – senkrecht von oben nach unten in die Kästchen ein. Das rot umrandete Feld enthält bei richtiger Lösung einen einschlägigen Begriff. Nenne ihn und seine deutsche Bedeutung.

1. offiziell
2. kommunal
3. senil
4. Kommission
5. effektiv
6. Präteritum
7. Solipsist
8. memorieren

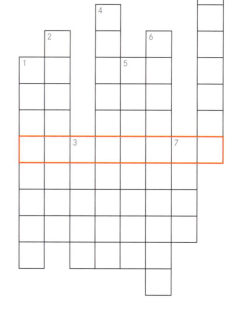

Lösung: _____

5 Trage in die Kästchen ein,
a) wovon die Rechtsordnung Europas ihren Ausgang genommen hat;

b) worauf die Rechtsordnungen der europäischen Staaten, wie Napoleons Code civil oder das deutsche Bürgerliche Gesetzbuch, zurückgehen.

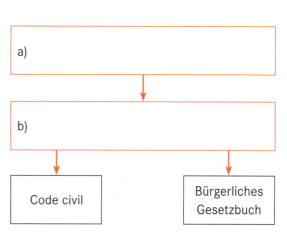

a)

b)

Code civil

Bürgerliches Gesetzbuch

1 Ordne den Konstruktionen in den Sätzen den entsprechenden Begriff zu.
Übersetze die Sätze.

1. Socrates diu de morte locutus esse dicitur.　　　　　GERUNDIVUM-N

2. Natura est optima dux bene vivendi.　　　　　ACI

3. Cicero civitatem defendens interfectus est.　　　　　ABL. ABS.

4. Legibus neglectis civitas perit.　　　　　NCI

5. Plurimi homines sibi fortunam non favere credunt.　　　　　GERUNDIUM

6. Multi ad pecuniam augendam tantum vivunt.　　　　　PC

7. Pacta[1] sunt servanda.　　　　　GERVUNDIVUM-V

1) **pactum**, -i n: Vertrag

G **2 a** Markiere die in den unten stehenden Sätzen (satzwertigen) Konstruktionen und
ordne diesen die Benennungen zu.
Eine Struktur begegnet nicht.

AcI – NcI – Gerundium – Gerundivum-V – Gerundivum-N – Abl. abs. – PC

★ **b** Ordne die Funktionen der Konjunktive im Hauptsatz den Sätzen zu.

Optativ – Jussiv – Hortativ – Potentialis – Deliberativ – Prohibitiv

★ **c** Übersetze die Sätze.

1. Fugiamus ad mare urbe ignibus deleta! _____

_____

2. Quo nos vertamus deis nobis non faventibus? _____

_____

3. Fortuna nobis adsit calamitate oppressis! _____

_____

4. Ne desieritis operam dare miseris servandis! _____

_____

5. O Venus, des nobis occasionem ex urbe fugiendi! _____

_____

6. Quis nesciat nos omnes perire? _____

_____

7. Ne putes nobis omnibus hodie moriendum esse! _____

_____

W 3 **Latein in der deutschen Sprache**
Nenne die lateinischen Wörter, auf die die
markierten Ausdrücke zurückzuführen sind.
Erkläre, was sie jeweils im vorliegenden
Satz bedeuten.

1. Wir feierten heute Nacht mit den Kommilitoninnen und Kommilitonen auf dem Campus.

_____

_____

2. Heute habe ich dem Chef richtig Kontra gegeben. _____

_____

3. Der Lateinlehrer ist quasi der geistige Vater meiner Entdeckung. _____

_____

4. Im Klassenzimmer ist es heute ganz eisig, vulgo saukalt. _____

_____

4 a Markiere alle satzwertigen Konstruktionen im Text. Bestimme sie genau.

b Gib die Aussagen des Textes mit eigenen Worten wieder. Beschreibe die Charakterzüge des
Plinius.

c Begründe, inwiefern das Unglück von Pompeji ein „zweiter *dies ater*" für die Römer war.

Ein zweiter *dies ater*

1 Scriptor rerum[1] quidam Romanus tradidit Plinium, virum

2 humanitate et studio inspiciendi naturam praeditum[2],

3 Aetna[3] monte erumpente[1] et omnibus locis paene[4] ignibus deletis

4 in animo habuisse ceteris auxilium dare. Itaque etiam eius

5 spectaculi propius cognoscendi causa e villa decessisse et

6 ad mare fugisse dicitur. Sed in nube[5] magis magisque densa

7 neminem iam spiritum ducere[6] potuisse traditum est. Tum et

8 Plinio, illi viro fortissimo, et ceteris cum eo fugientibus statim moriendum erat. Postea vero

9 Romani diu de illa terribili calamitate maesti fuisse videntur. Unum autem ex eis scripsisse

10 scimus: „Quam verum illud est: ‚Haec calamitas Romanis certe iterum dies ater fuit.'"

1) **scrīptor (-ōris** m) **rērum**: Geschichtsschreiber   2) **praeditus, -a, -um** *(m. Abl.)*: versehen, begabt *(m. etw.)*
3) **Aetna, -ae** f: Ätna *(Vulkan auf Sizilien)*   4) **paene**: beinahe   5) **nūbēs, -is** f: Wolke   6) **spīritum dūcere**: Atem holen

In den Selbsttests kannst du überprüfen, wie sicher deine Kenntnisse und Fähigkeiten sind:
Im Bereich **Vokabeln** prüfst du dich darin,

- die deutschen Bedeutungen zu nennen,
- bei Substantiven den Genitiv Sg. und das Genus,
- bei Verben die Stammformen zu kennen (1. P. Sg. Präsens, 1. P. Sg. Perfekt, PPP),
- Vokabeln im Satzzusammenhang zu erkennen und zu übersetzen.

Im Bereich **Grammatik** prüfst du dich darin,

- grammatische Fachbegriffe zu verstehen und zu verwenden,
- Formen zu erkennen, zu benennen, einzuordnen, zu bestimmen und zu bilden,
- satzwertige Konstruktionen zu erkennen und im Deutschen wiederzugeben.

Im Bereich **Text** prüfst du dich darin,

- Aussagen eines lateinischen Textes zu verstehen,
- über die Bedeutung von Vokabeln im Kontext zu entscheiden,
- Formen im Satzzusammenhang zu erkennen,
- passende Formulierungen im Deutschen zu verwenden.

Im Bereich **Kultur** prüfst du dich darin,

- Wissen über Themen der Antike anzuwenden,
- Fachbegriffe zu verstehen und zu verwenden,
- die Bedeutung der römischen Antike für die heutige Welt zu zeigen.

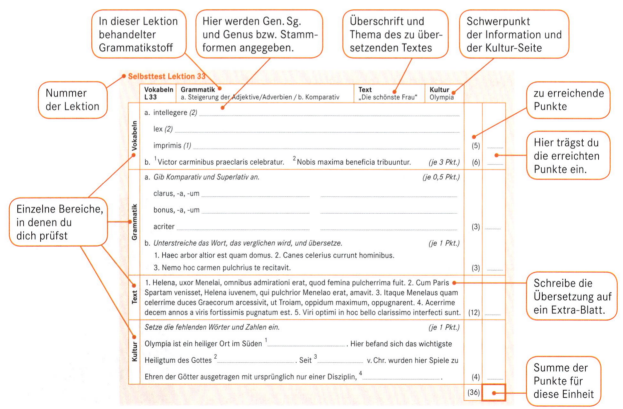

Tipps zum Vorgehen:

- Schau dir vor deiner Selbstüberprüfung den behandelten Stoff noch einmal gründlich an.
- Fülle den Test konzentriert und zügig aus.
- Kontrolliere deine Ergebnisse sorgfältig und werte sie nach den vorgegebenen Punkten aus.
- Informiere dich bei Unsicherheiten in der jeweiligen Lektion deines Cursus und deiner Begleitgrammatik.

Eine Übersicht über die Themen aller Selbsttests findest du auf der vorderen inneren Umschlagklappe des Arbeitshefts.

Zur Auswertung deiner Selbsttests 33–40:

- Rechne dir für jede richtige deiner Angaben einen Punkt an, wenn in der Aufgabe nichts anderes vorgegeben ist.

- Bei den Vokabeln mit *(2)* ziehst du einen ganzen Punkt bei falschen Bedeutungen ab und je einen halben, wenn eine der Zusatzangaben, z. B. eine Stammform, nicht richtig ist.

- Bei der Übersetzung ziehst du dir von der Gesamtzahl der Punkte je einen halben Punkt ab für jeden Vokabel- oder Grammatikfehler. Wenn du bei der Wertung eines Fehlers nicht sicher bist, kannst du bestimmt deine Lateinlehrerin oder deinen Lateinlehrer fragen.

- Korrigiere sorgfältig und informiere dich, wenn dir eine Lösung nicht gleich klar ist. Wenn du beim Lösen einer Aufgabe Schwierigkeiten hattest oder du dich unsicher fühltest, wiederhole den im jeweiligen Bereich angegebenen Stoff. Du findest alle Informationen in deinem Cursus und deiner Cursus-Begleitgrammatik.

- Lege dir ein Heft für Notizen an oder benutze in deinem Heft einige Seiten dafür. Schreibe auf:
  - Vokabeln aus der Vokabel- und Textaufgabe, bei denen du nicht sicher warst,
  - Formen aus der Grammatik- und Textaufgabe, die du nicht gleich erkannt oder nicht richtig übersetzt hast,
  - Fachbegriffe und Informationen aus der Aufgabe zur Kultur, bei denen du unsicher warst.

- Notiere auch die richtigen Lösungen so, dass du damit regelmäßig üben und wiederholen kannst, indem du sie z. B. abdeckst.

- Die Punkteauswertung zeigt dir, in welchen Bereichen du sichere Kenntnisse und Fähigkeiten hast. An der Gesamtpunktzahl kannst du dein Ergebnis ablesen:

Gesamt-punktzahl	Das ist das Ergebnis deines Selbsttests:	Das kannst du daraus für deine weitere Arbeit mit dieser Lektion schließen:
36–32	Du hast hohe Sicherheit in allen vier Bereichen.	Kläre die Stellen, an denen dir Punkte fehlen.
31,5–27,5	Du bist ziemlich sicher in allen Bereichen oder in drei Bereichen recht sicher.	Schau dir die Stellen, an denen dir Punkte fehlen, genauer an, und wiederhole das Thema.
27–23	Du bist sicher in einigen Teilen, unsicher in anderen.	Überprüfe, ob dir in allen Bereichen Punkte fehlen oder in einem Bereich sehr viele. Übe und wiederhole dann entsprechend.
22,5–18,5	Du hast Sicherheit nur bei etwas mehr als der Hälfte der Aufgaben.	Überprüfe, worin deine Unsicherheiten liegen. Informiere dich über diese Themen und mache einige Übungen aus deinem Buch dazu.
18–9	Du hast zu wenig Sicherheit in mindestens zwei Bereichen oder mehrere Unklarheiten in allen.	Wiederhole systematisch alle Bereiche der Lektion, indem du dich informierst und ausführlich übst. Trainiere einige Tage lang.
8,5–0	Du hast viel zu wenig Sicherheit in allen oder gar keine Sicherheit in mindestens drei Bereichen.	Wiederhole Grundlagen und die Themen dieser Lektion. Sprich mit deiner Lehrerin/deinem Lehrer über ein passendes Trainingsprogramm.

Selbsttest Lektion 33

Vokabeln L 33	Grammatik a. Steigerung der Adjektive/Adverbien / b. Komparativ	Text „Die schönste Frau"	Kultur Olympia

Vokabeln

a. intellegere *(2)* _____

    lex *(2)* _____

    imprimis *(1)* _____ (5) _____

b. [1] Victor carminibus praeclaris celebratur.   [2] Nobis maxima beneficia tribuuntur.   *(je 3 Pkt.)* (6) _____

Grammatik

a. *Gib Komparativ und Superlativ an.*   *(je 0,5 Pkt.)*

    clarus, -a, -um _____   _____

    bonus, -a, -um _____   _____

    acriter _____   _____ (3) _____

b. *Unterstreiche das Wort, das verglichen wird, und übersetze.*   *(je 1 Pkt.)*

    1. Haec arbor altior est quam domus. 2. Canes celerius currunt hominibus.

    3. Nemo hoc carmen pulchrius te recitavit. (3) _____

Text

1. Helena, uxor Menelai, omnibus admirationi erat, quod femina pulcherrima fuit. 2. Cum Paris Spartam venisset, Helena iuvenem, qui pulchrior Menelao erat, amavit. 3. Itaque Menelaus quam celerrime duces Graecorum arcessivit, ut Troiam, oppidum maximum, oppugnarent. 4. Acerrime decem annos a viris fortissimis pugnatum est. 5. Viri optimi in hoc bello clarissimo interfecti sunt. (12) _____

Kultur

Setze die fehlenden Wörter und Zahlen ein.   *(je 1 Pkt.)*

Olympia ist ein heiliger Ort im Süden [1] _____. Hier befand sich das wichtigste

Heiligtum des Gottes [2] _____. Seit [3] _____ v. Chr. wurden hier Spiele zu

Ehren der Götter ausgetragen mit ursprünglich nur einer Disziplin, [4] _____. (4) _____

(36)

Selbsttest Lektion 34

Vokabeln L 34	Grammatik Gerundium	Text „Ciceros Erfolge"	Kultur Archimedes

Vokabeln

a. amittere *(2)* _____

    maiores *(2)* _____

    frustra *(1)* _____ (5) _____

b. [1] Denique milites tertium impetum fecerunt. *(3 Pkt.)*   [2] Protege nos a variis malis!   *(3 Pkt.)* (6) _____

Grammatik

a. *Erkläre anhand eines Beispiels, was im Deutschen dem Gerundium entspricht.*   *(2 Pkt.)*

_____ (2) _____

b. *Bilde die Gerundiumformen von* narrare, agere *und* ire.   *(je 2 Pkt.)*

Gen.: _____ / _____ / _____

Akk.: ad _____ / _____ / _____

Abl.: _____ / _____ / _____ (6) _____

Text

1. Cicero arte dicendi clarissimus fuit. 2. Etiam in regendo consulem egregium se praebuit et rem publicam fortiter agendo ab interitu servavit. 3. Cicero, cum senatores ad consulendum in senatum vocavisset, coniurationem Catilinae aperuit et monendo et postulando effecit, ut iste consilium abeundi iniret. 5. Romam relinquendo Catilina omnes timore liberavit. (13) _____

Kultur

Unterstreiche und verbessere die Fehler.   *(je 1Pkt.)*

In Syrakus auf Korsika lebte im 1. Jh. v. Chr. der Dichter Archimedes. Nach ihm ist die

archimedische Schraube benannt. Als er die Dichte von Gold entdeckte, rief er „hurra!". (4) _____

(36)

Selbsttest Lektion 35

Vokabeln L35	Grammatik Gerundivum-V	Text „Das glückselige Leben"	Kultur Sokrates		

Vokabeln	a. existimare *(2)* _____		
	facultas *(2)* _____		
	ergo *(1)* _____	(5)	_____
	b. [1] Homo sapiens non orat, ut sibi ampla praemia dentur. *(4 Pkt.)* [2] Magister te observat. *(2 Pkt.)*	(6)	_____
Grammatik	*Ergänze die Form im Gerundivum-V und übersetze.* *(je 2 Pkt.)*		
	in libro (legere) _____		
	ad patrem (quaerere) _____		
	oppidi (capere) causa _____	(6)	_____
Text	1. Seneca philosophus[!] in epistula scribenda semper cogitavit, quid amico ad vitam beatam agendam suadere posset. 2. Saepe exemplis exponendis de vita recte agenda disseruit docuitque homines timore mortis deponendo dolores vitare. 3. Persuadere voluit homines quietis animae causa paratos esse debere ad casum perferendum.	(13)	_____
Kultur	*Kreuze die richtigen Aussagen an.* *(je 1 Pkt.)*		
	[1] ☐ Sokrates' Mutter war Priesterin. [2] ☐ Seine Frau hieß Xanthippe.		
	[3] ☐ Der Prozess gegen ihn fand 106 v. Chr. statt. [4] ☐ Ein Vorwurf war: Verderben der Jugend.		
	[5] ☐ Beim Prozess war Sokrates 70 Jahre alt. [6] ☐ Ein Bürger über 60 durfte nicht Richter sein.		
	[7] ☐ Er starb durch Kreuzigung. [8] ☐ Platon hat seine Gespräche aufgeschrieben.	(4)	_____
		(36)	☐

Selbsttest Lektion 36

Vokabeln L36	Grammatik a. Gerundivum-N / b. Dativ des Urhebers	Text „Verteidigungsmaßnahmen"	Kultur Antike Medizin		

Vokabeln	a. adhibere *(2)* _____		
	scientia *(2)* _____		
	vero *(1)* _____	(5)	_____
	b. [1] Medici hominibus sanis nihil praecipiunt. *(3 Pkt.)* [2] Ultro mercedem solvam. *(3 Pkt.)*	(6)	_____
Grammatik	a. *Ergänze die Form im Gerundivum-N und übersetze.* *(je 1,5 Pkt.)*		
	Leges (observare) _____ sunt.		
	Diu acriter (pugnare) _____ erat.		
	Verba magistri liberis (audire) _____ sunt.		
	Iniuriae (perferre) _____ non sunt.	(6)	_____
	b. *Erkläre, was der Dativ des Urhebers* (Dativus auctoris) *anzeigt.* *(2 Pkt.)*	(2)	_____
Text	1. In urbe defendenda multae res agendae sunt: 2. Consulibus senatores in senatum vocandi sunt, celeriter consilium ineundum est. 3. Maiores de arte defendendi rogandi sunt, quod illis prius iam urbs ab interitu servanda fuit. 4. Milites parati ad pugnandum esse debent, quod acriter pugnandum erit. 5. Civibus domus relinquendae non sunt. 6. Omnes sciunt hostes ab urbe arcendos esse, ne urbe capta interficiantur.	(13)	_____
Kultur	*Nenne die Namen und Begriffe.* *(je 1 Pkt.)*		
	Ihn mussten die Ärzte schwören: [1] _____		
	Er war der bekannteste Arzt des Römischen Reiches: [2] _____		
	Er ist der Schutzgott der Ärzte: [3] _____		
	Dort befand sich sein Heiligtum in Rom: [4] _____	(4)	_____
		(36)	☐

Vokabeln L 37	Grammatik a. Semideponentien / b. Konjunktiv im HS	Text „Rede eines Galliers"	Kultur Redekunst

Vokabeln	a. fieri *(2)* _____ condicio *(2)* _____ plenus *(1)* _____		(5)
	b. ¹ Facta illustra imitari volumus. *(3 Pkt.)* ² Finitimi obsidionem turpem tolerare debuerunt. *(3 Pkt.)*		(6)
Grammatik	a. *Nenne die Stammformen dieser Verben.* *(je 1 Pkt.)* audere _____ confidere _____ reverti _____		(3)
	b. *Benenne die Sinnrichtung des Konjunktivs und übersetze.* *(je 1,5 Pkt.)*. 1. Optimus vincat! 2. Domum eamus! 3. Nonnulli hoc credant. 4. Ne me deserueris!		(6)
Text	1. Duces Gallorum conveniunt consulendi causa. 2. Unus eorum dicit: „Nunc consilium belli gerendi ineamus! 3. Caesarem militesque Romanos ex finibus nostris pellamus. 4. Omnes patriam defendant, unusquisque pugnet, nemo abeat! 5. Caesar abest, mox revertetur. Milites eius eo absente non audeant pugnare. 6. Quid dicam? Nonne tempus pugnandi adest? 7. Ne dubitaveritis! Liberemus patriam! Dei nobis adsint!"		(12)
Kultur	*Ordne die richtigen Bezeichnungen den Erklärungen zu.* *(je 1 Pkt.)* elocutio, dispositio, docere, actio, ars dicendi, rhetor, memoria, inventio Redekunst: ¹_____ Gliederung der Rede: ²_____ Auswendiglernen der Rede: ³_____ Vortrag: ⁴_____		(4)
		(36)	

Selbsttest Lektion 38

Vokabeln L 38	Grammatik Demonstrativ-Pronomen *idem*	Text „Herren und Sklaven"	Kultur Philosophie

Vokabeln	a. confirmare *(2)* _____ pastor *(2)* _____ nobilis *(1)* _____		(5)
	b. ¹ Neque superiores neque inferiores decet aliis servire. *(4 Pkt.)* ² Igitur domi manebo. *(2 Pkt.)*		(6)
Grammatik	*Ergänze die Formen des Demonstrativ-Pronomens* idem *und übersetze.* *(je 1 Pkt.)* _____ dea _____ regionibus _____ mercedem _____ carmen _____ facultates _____ condicione _____ crimina _____ populo _____ civium		(9)
Text	1. Seneca in epistula monet, ut bene agendum sit cum servis. 2. Non multum interesse dicit inter servos ac dominos. 3. In eadem patria vivunt, idem caelum vident, eosdem deos colunt. 4. Quia homines sunt, idem sperant – vitam beatam. 5. Iidem homines, qui hodie domini sunt, quibus villa pulchra, magna pecunia est, cras, si fortuna mutatur, servi erunt. 6. Ubi vita excesserimus, eadem mors nos exspectabit.		(12)
Kultur	*Kreuze die richtigen Aussagen an.* *(je 0,5 Pkt.)* ¹ ☐ Philosophie bedeutet „Liebe zur Weisheit". ² ☐ Zu den drei Teilgebieten gehört Physik. ³ ☐ Die Stoa rät zu innerer Gelassenheit. ⁴ ☐ „Stoa" bedeutet wörtlich „Garten". ⁵ ☐ Diogenes war ein Stoiker. ⁶ ☐ Diogenes lebte völlig bedürfnislos. ⁷ ☐ Seneca gehörte zu den Kynikern. ⁸ ☐ Epikur empfiehlt ein Leben im Stillen.		(4)
		(36)	

Selbsttest Lektion 39

Vokabeln L39	Grammatik Demonstrativ-Pronomen *ipse*	Text „Die Göttin Iustitia"	Kultur Römisches Recht

<table>
<tr><td rowspan="2">Vokabeln</td><td>a. excipere (2) _____

officium (2) _____

magis (1) _____</td><td>(5) ____</td></tr>
<tr><td>b. ¹ Complures senes divites scelera commiserunt.   (4 Pkt.)
² Damnum tua culpa factum est.   (2 Pkt.)</td><td>(6) ____</td></tr>
</table>

Ergänze die Formen des Demonstrativ-Pronomens ipse *und übersetze.*   *(je 1 Pkt.)*

mater _____	senex _____	consulibus _____
exercituum _____	militis _____	mulierem _____
illo _____ die te _____		mihi _____

(9) ____

Text

1. Romani non solum deos, quibus iam Graeci sacrificaverant, colebant, sed etiam Pax, Salus populi, Iustitia ut deae colebantur. 2. Augustus ipse templum[1] Iustitiae aedificari iussit. 3. Eodem anno senatus constituit aram Pacis Augustae exstrui. 4. Dea Iustitia ipsa nihil videt, nam causam ipsam iudicare debet, non reum. 5. Eum morem ipsum etiam hodie cognoscimus.

(12) ____

Kultur

Nenne die Namen und Begriffe.   *(je 1 Pkt.)*

Dieses Gesetz gab es in Rom seit 450 v. Chr.: [1] _____

Das war die Gesetzessammlung von Kaiser Justinian im 6. Jh. n. Chr.: [2] _____

Es entstand aus dem Unterteilungszeichen *signum sectionis*: [3] _____

Ein Beispiel für eine bis heute bekannte Rechtsregel auf Latein ist: [4] _____

(4) ____

(36) [ ]

Selbsttest Lektion 40

Vokabeln L40	Grammatik Wiederholung: satzwertige Konstruktionen	Text „Flucht aus der verschütteten Stadt"	Kultur Pompeji

<table>
<tr><td rowspan="2">Vokabeln</td><td>a. consumere (2) _____

species (2) _____

rursus (1) _____</td><td>(5) ____</td></tr>
<tr><td>b. ¹ Campi lati cinere atro et denso tecti sunt.   (4 Pkt.)
² Vulgus perterritum domibus decessit.   (2 Pkt.)</td><td>(6) ____</td></tr>
</table>

Grammatik

Markiere AcI / PC / Abl. abs. / Gerundium / Gerundivum-V / --N und übersetze.   *(je 2 Pkt.)*

1. Urbe Troia deleta nonnulli Troiani ad litus currentes Aeneam convenerunt.

2. Qui dixit: „Nos a Graecis victi salutem fugiendo petemus.

3. Vitae servandae causa patria nobis relinquenda est."

4. Troiani speraverunt se filio deae Veneris duce novam patriam inventuros esse.

5. Hominibus per mare navigantibus Iuno dea iussit naves tempestatibus deleri.

(4) ____

Text

1. Tito imperatore oppida apud Vesuvium montem sita cinere tecta esse scimus. 2. Cinere cadente homines cedendo vitam servare studebant. 3. Domus statim relinquendae erant. Hominibus spes urbis celeriter relinquendae fuit. 4. Omnes locum apertum petentes deos oppidum ab interitu servaturos esse sperabant. 5. Homines a deis servati oppidum flammis totum deleri viderunt.

(11) ____

Kultur

Setze die fehlenden Wörter bzw. Zahlen ein.   *(je 1 Pkt.)*

Pompeji liegt in der Nähe der Stadt [1] _____. Im Jahre [2] _____ wurde

sie durch den Ausbruch des Vulkans [3] _____ verschüttet. Seit 1860 wird

Pompeji ebenso wie die Nachbarstadt [4] _____ systematisch ausgegraben.

(4) ____

(36) [ ]

Checkliste zur Selbsteinschätzung

Folgende Kompetenzen hast du in den Bereichen Wortschatz, Grammatik, Text und Kultur in den Lektionen 33–40 ausgebildet. Überlege, wie kompetent du dich jeweils darin fühlst, wie sicher du bist:

● sehr sicher   ● recht sicher   ● eher unsicher   ● unsicher

Ich kann …

Vokabeln		sehr sicher	recht sicher	eher unsicher	unsicher
	… die wesentlichen Bedeutungen der Vokabeln nennen.	●	●	●	●
	… bei den Substantiven Genitiv Singular und Genus angeben.	●	●	●	●
	… bei den Verben die Stammformen angeben.	●	●	●	●
	… eine flektierte Form auf ihre Grundform zurückführen.	●	●	●	●
	… Lehnwörter, Fremdwörter und fremdsprachige Wörter auf die zugrunde liegende lateinische Vokabel zurückführen und ihre Bedeutung erklären.	●	●	●	●
	… Vokabeln zu Synonymen, Antonymen, Wortfamilien gruppieren und Wortfelder und Sachfelder zusammenstellen.	●	●	●	●
	… verschiedene Strategien und Prinzipien des Vokabellernens darstellen und die für mich passende Methode erläutern.	●	●	●	●

Ich kann …

Grammatik		sehr sicher	recht sicher	eher unsicher	unsicher
	… die Grundelemente und Zeichen der Verben (Stamm, Person, Tempus, Modus, Genus verbi) erkennen und benennen.	●	●	●	●
	… die Kasus-Zeichen der Nomen erkennen und deren Funktion benennen.	●	●	●	●
	… die Zeichen bei Steigerung von Adjektiven und Adverbien erkennen.	●	●	●	●
	… Formen und Funktionen der Pronomina erkennen und unterscheiden.	●	●	●	●
	… Satzglieder im Satzzusammenhang bestimmen.	●	●	●	●
	… Gliedsätze erkennen und sie anhand ihrer Einleitungswörter und der Form des Prädikats in ihrer Sinnrichtung unterscheiden.	●	●	●	●
	… (satzwertige) Konstruktionen (AcI, ★ NcI, PC, Abl. abs., Gerundium, Gerundivum-V, Gerundivum-N) analysieren und übersetzen.	●	●	●	●
	… Fachbegriffe der Grammatik verstehen und anwenden.	●	●	●	●